Friedrich Hölderlin

Übersetzungen und Philosophische Schriften

Salzwasser

Friedrich Hölderlin
Übersetzungen und Philosophische Schriften

1. Auflage | ISBN: 978-3-84604-655-5

Erscheinungsort: Paderborn, Deutschland

Erscheinungsjahr: 2014

Salzwasser Verlag GmbH, Paderborn.

Nachdruck des Originals.

Friedrich Hölderlin

Übersetzungen und Philosophische Schriften

Salzwasser

INHALT

I. ÜBERSETZUNGEN

Chor aus Ödipus auf Kolonos 9
Chor aus Antigone 10
Ode des Horaz 11
Hymnen des Pindar 13
Die Trauerspiele des Sophokles 93
    Ödipus der Tyrann 97
    Antigone 173

II. PHILOSOPHISCHE SCHRIFTEN

Anmerkungen zum Ödipus 239
Anmerkungen zur Antigone 247
Grund zum Empedokles 257
Über Bildung und Humanität 272
Wink für die Darstellung und Sprache 296
Über die Grenzen der lyrischen, epischen und tragischen Poesie 302
Über Achill 311
Ein Wort über die Iliade 313
Über die verschiedenen Arten zu Dichten 315
Der Gesichtspunkt, aus dem wir das Altertum zu sehen haben . 321
Über die Religion 323
Aphorismen 330

ÜBERSETZUNGEN

CHOR AUS ÖDIPUS AUF KOLONOS
In des pferdereichen Landes
Trefflichen Höfen
Auf Kolonos weißem Boden
Bist du angekommen,
O Fremdling dieser Gegend,
Wo durchdringend klagt
Die wiederkehrende Nachtigall
Unter grünem Buschwald
Überwölbt von dunklem Efeu
Und von des Gottes unzulänglichem Geblätter
Dem früchtevollen, sonnenlosen,
Keinem Sturme bewegten;
Wo immerhin der bacchantische
Dionys einhergeht,
Wohnend unter den göttlichen Nährerinnen;
Wo immerhin von himmlischem Duft
Die schöntraubigte Narzisse
Aufwächst von Tag zu Tag,
Der großen Göttinnen
Uralter Kranz,
Und der goldbeglänzte Krokus.
Noch mindern sich die schlummerlosen Quellen,
Die in Wasser des Cephissus sich teilen,
Sondern immer und täglich
Kommt der Schnellerzeugende über die Felder
Mit seinen Regengüssen
Über die Brust der Erde.
Auch hassen die Chöre der Musen es nicht
Und nicht die goldene Aphrodite.

CHOR AUS ANTIGONE

Vieles Gewaltige gibts. Doch nichts
Ist gewaltiger, als der Mensch.
Denn der schweifet im grauen
Meer, in stürmischer Südluft
Umher in wogenumrauschten
Geflügelten Wohnungen.
Der Götter heilge Erde sie, die
Reine, die mühelose,
Arbeitet er um, das Pferdegeschlecht
Am leichtbewegten Pflug von
Jahr zu Jahr umtreibend.

Leichtgeschaffener Vogelart
Legt er Schlingen, verfolget sie,
Und der Tiere wildes Volk
Und des salzigen Meers Geschlecht
Mit listiggeschlungenen Seilen,
Der wohlerfahrene Mann.
Beherrscht mit seiner Kunst des Landes
Bergebewandelndes Wild.
Dem Nacken des Rosses wirft er das Joch
Um die Mähne und dem wilden,
Ungezähmten Stiere.

ODE DES HORAZ

Auf wen einmal, Melpomene, du,
Da er geboren ward, mit Wohlgefallen geblickt,
Dem wird der Isthmische Kampf nicht
Geben des Fechters Ruhm, noch wird das muntere Roß

Auf dem Achäischen Wagen ihn
Als Sieger führen, noch die Kriegsmacht ihn mit Delischen
Blättern geziert als Feldherrn,
Weil er der Könige schwülstige Drohungen

Niedergeschlagen, vors Kapitolium stellen.
Aber die das fruchtbare Tibur vorüberfließen,
Die Wasser und die dichten Locken der Haine
Werden ihn friedlich bilden zum Äolischen Liede.

Die Söhne Roms, der Städtefürstin,
Achten es wert, mich unter die liebenswürdigen
Chöre der Dichter zu setzen:
Und schon werd ich von minder neidischem Zahne ge-
                                                                bissen.

O die du ordnest der goldenen Leier
Süßes Rauschen, Pieride,
Die du auch stummen Fischen
Des Schwans Stimme zu geben vermöchtest, gefiel es dir!

Dein Werk ist es einzig,
Daß, wenn sie vorübergehn, mit dem Finger mich zeigen
Als den Saitenspieler auf römischer Leier:
Daß ich atme und gefalle, wenn ich gefalle, von dir ists.

HYMNEN DES PINDAR

ZWEITE OLYMPISCHE ODE
THERON, DEM AGRIGENTINER, ZU WAGEN

Ihr Herrscher auf Harfen, ihr Hymnen!
Welchen Gott, welchen Heroen,
Welchen Mann auch werden wir singen?
Da Pisa Jupiters ist,
Die Olympias aber
Gestiftet Herakles hat,
Das Erstlingsopfer des Kriegs:
Theron aber, der Tetraorier
Wegen der siegbringenden
Auszurufen ist mit der Stimme,
Der gerechte Fremdling,
Die Mauer Agrigents,
Und wohlbenamter Väter
Blüte, der Stifter ist in der Stadt,

Erduldend die vieles mit Mut
Das Heilige hatten, das Haus
Des Flusses. Sikulias waren sie
Auge. Die Zeit geleitete,
Die zuvorbestimmte, Reichtum
Und Wohlgefallen bringend,
Die gediegenen Tugenden.
Aber, o Kronischer Sohn Rheas,
Den Sitz des Olympos verwaltend
Und der Preise Gipfel
Und den Ausgang des Alpheus,

Erfreut von Gesängen
Wohlmeinend des Felds noch, des väterlichen,
Für jene nehme Dich an
Beim künftigen Geschlecht; den wirklichen aber,
Im Recht und außer dem Recht
Unmöglich nicht,
Chronos, von allem der Vater,
Möge bestimmen den Werken ein Ende.
Vergessenheit aber im Schicksal, im wohlergehenden,
                                                werde.
Denn unter edeln Freuden
Das Leid erstirbt, das wiedergrollende, gebändigt,

Wenn Gottes Wille sendet
Von oben her erhabenen Reichtum.
Es folget aber das Wort den wohlthronenden,
Des Kadmos Töchtern, gelitten
Haben die Großes. Der Jammer
Aber fällt schwer
Auf größeres Gut.
Es lebt wohl unter Olympiern,
Gestorben im Donner
Des Blitzes, die langgelockete
Semele; es liebt
Sie aber Pallas allezeit
Und Zeus, der Vater, am meisten; auch liebt
Der Sohn, der Efeutragende.

Sie sagen aber, im Meer auch
Mit den Mädchen des Nereus,

Den kristallenen, ein Leben unsterblich
Der Ino sei beschieden geworden
Die ganze Zeit umher. Freilich
Von Menschen entscheiden
Versuche nicht, welch einen Tod,
Noch einen ruhigen Tag,
Wenn den wir, den Sohn der Sonne,
Mit unverleidetem Wohl
Beschließen werden.
Fluten aber, anderswoher andere,
Mit Hoffnungen und mit
Mühe sind über Männer gekommen.

So aber Fügung, welcher das väterliche
Von diesen zugehört, das wohlgesinnete Los,
Mit gottgesendetem Reichtum
Hin auch irgend ein Leid bringt,
Das wieder sich wandelt zu anderer Zeit,
Seitdem getötet hat den Laios der verhängnisvolle Sohn,
Zusammentreffend, und jenes in Pytho
Geheiligte Urwort vollendet.

Zuschauend aber die schnelle Erinnys
Hat ihm getötet mit Wechsel-
Mord ein kriegerisch Geschlecht.
Übrig geblieben ist aber Thersandros
Dem gefallenen Polynikes,
In jungem Kampfspiel
Und in Schlachten des Krieges
Gefürchtet, der Adrastiden

Stützender Sproß in den Häusern.
Woher vom Samen habend die
Wurzel, sich schickt,
Daß Agesidamus
Lobs und Gesangs
Und Leier gewinne.
In Olympia nämlich er selbst
Den Preis empfing. In Pytho
Aber zum gleichgeloseten Bruder
Und auf dem Isthmos die gemeinsamen Charitinnen
Die Blüten der Tethrippen,
Der zwölfgelauften,
Haben gebracht. Das Gelingen aber,
Das gesuchte des Kampfs,
Ist lähmend bei Mißmutigen.
Der Reichtum, mit Tugenden
Gefunden,
Bringt von ein und anderem
Das Glück, die tiefe unten haltend,
Die Sorge, die wildere,

Ein Gestirn wetteifernd wahrhaftig
Dem Manne ein Licht. Wenn aber jenes besitzt
Jemand, so weiß er das Künftige,
Daß der gestorbenen hier
Plötzlich die unbeholfenen Sinne
Strafen gelitten haben. Aber in dieser, in Jupiters Herr-
                                           schaft,
Die Frevel auf Erden richtet
Einer, feindlich dem Worte, möchtest du sagen in Not.

Gleich aber in Nächten allezeit,
Und gleich in den Tagen, eine Sonne
Genießend, müheloser,
Treffliche wandeln ein Leben,
Nicht das Erdreich verwüstend
Mit Gewalt der Hände
Noch das Meeresgewässer,
Über jene Vorschrift hinaus. Aber
Bei den Geehrten
Der Götter, welche sich erfreuen
An Eidestreue,
Tränenlos wandeln sie
Eine Zeit. Die aber unabsehbar
Ertragen Arbeit.

Welche aber ergreifen das dritte,
Von beiden Seiten bleibend,
Durchaus von Ungerechtem ferne zu haben
Die Seele, erreichen Jupiters
Weg bei Kronos'
Burg, wo der Seligen
Insel Okeaniden-
Lüfte umatmen; die Blüte aber
Des Goldes flammt
Über dem Erdreich von
Glänzenden Bäumen
Das Wasser aber anderes nährt,
Mit dem Halsgeschmeide dessen sie die Hände
Umwinden und mit Kronen.

In Gedanken rechten Rhadamanths,
Den der Vater hat, Kronos, als ge-
wohnten ihm Beisitzer,
Der Gemahl der Rhea, über alles
Den höchsten besitzend, den Thron.
Peleus auch und Kadmos sind unter diesen bedacht,
Den Achilles erhub, nachdem
Jupiters Brust den Bitten gehorcht hat, die Mutter.

Der den Hektor wankend machte, Trojas
Unüberwindliche, unumkehrbare Säule,
Den Kyknos auch dem Tode gab
Und Aos Sohn Äthiops.
Viele mir unter dem Arme
Schnelle Pfeile
Innen im Köcher
Tönend beisammen sind; durchaus
Aber das Ausleger
Bedarf. Weis ist, wer vieles
Weiß von Natur.
Die Gelernten aber, überfließend
Von Allberedsamkeit, Raben gleich,
Unnützes zuschreien

Zu Jupiters göttlichem Vogel.
Lenk nun gegen ein Ziel den Bogen,
Fasse dich, Geist. Wen werfen wir,
Aus sanftem wieder dem Sinn
Die wohllautenden Pfeile
Sendend? Nach

Agrigent hin spannend
Will ich singen das beschworene
Wort mit wahrem Gemüt,
Geboren habe nicht einen die hundert-
Jährige Stadt
Den Lieben, einen Mann, mehr
Wohltätig mit dem Herzen,
Neidloser mit der Hand

Als Theron. Aber das Lob durch ging die Fülle
Nicht dem Rechte begegnend, son-
dern unter übermütigen Männern
Das helle Singen strebend
Geheim zu machen der Trefflichen den bösen
Werken. Denn der Sand der Zahl entgeht.
Jener, wie viel er Freuden andern
Gegeben, wer auszusprechen vermöcht es?

DRITTE OLYMPISCHE ODE
DEM THERON ZU WAGEN

Den Tyndariden, den gastfreundlichen, zu gefallen,
Der schöngelockten Helena auch,
Die berühmte Akragras ehrend, wünsch ich,
Therons olympischen
Siegeshymnus ordnend, von rastlos gehenden
Pferden die Blüte.
Die Muse aber, irgend gegenwärtig, war
Mir neuerfreulich erfindend eine Weise,
Dorischem eine Stimme anzuspannen dem Gange,

Eine hellepreisende. Dann sind die Haare
Umjocht von Kränzen,
Da ich treibe dieses göttlichgebaute Geschäft,
Die Harfe, die vielstimmige,
Und Stimme der Flöten, der Worte Gestalt
Agesidamos'
Sohne zusammenzumischen füglich.
Als wär ich in Pisa, von welchem,
Göttlichgeschenkt, wiederkehren zu Menschen Gesänge.

Wem, ausrichtend die Befehle
Herakles, die alten,
Der genaue Kampfrichter, über Augenwimpern,
Der Ätolische Mann, hoch
Um die Locken geworfen hat den
Grauhäutigen Schmuck der Olive. Die vormals

Von des Isters schattigen Quellen gebracht hat
Der Amphitryonide,
Das Angedenken der in Olympia das schönste der
                                        Kämpfe.

Das Volk der Hyperboräer beredend,
Apollo Verehrendes er,
Getreues denkend, für Jupiters fordert er für den
                                        erlauchten
Hain das schattige Gewächs,
Das mit den Menschen ist und die Krone der Tugend.
— — — — — — — — — — — — — — — —

ACHTE OLYMPISCHE ODE
DEM KNABEN ALKIMEDON DEM RINGER

Mutter, o du des goldgekrönten
Kampfspiels, Olympia,
Du Herrscherin der Wahrheit, wo ahnende Männer,
Aus heiliger Flamme schließend,
Erfahren von Zeus, dem helleblitzenden,
Wenn etwa er hat ein Wort von Männern,
Strebend nach großen
Tugenden im Gemüte zu empfangen
Und der Mühen Umatmung.

Er neigt aber zur Gnade
Frommer Männer Gebeten.
Aber, o Pisas bäumereicher über dem Alpheus Hain,
Diesen Siegsgesang und das Kronenopfer
Nimm. Groß ist der Ruhm allzeit,
Wem auch dein Preis folget, der herrliche.
Andere über andere kommen
Der Güter, viel sind der Wege
Mit Göttern des Wohlseins.

Timosthenes, euch aber hat erwählet das Schicksal
Zeus dem Geburtgott, den es
In Nemea benamt,
Alkimedon aber bei Kronos' Hügel
Gemacht zum Olympiensieger.
Er war aber anzuschauen schön; und mit der Tat

Nicht nach dem Aussehn fechtend,
Sprach er aus, kräftig im
Kampfe, das weitschiffende Ägina, das Vaterland,
Wo den Erhalter, Zeus, des gastlichen
Genossin, übet Themis,

Trefflich unter den Menschen, so sie nämlich
In manchen und auf manche Weise überschwankt,
Mit rechtem zu richten, mit Sinn, nicht außer der Zeit
Mißkämpfend. Ein Gesetz aber der Unsterblichen
Auch dieses meerumschlossene Land
Mit mancherlei beträufte mit Fremden
Die Säule, die dämonische,
(Aber die heraufsteigende Zeit
Dieses tuend möge nicht leiden),

Von dorischem Volk
Verwaltet, von Äakos her,
Den der Sohn Latonas und weitherrschend Poseidon
Über Ilion trachtend eine Krone
Zu machen, beriefen zum Mitarbeiter
Der Mauer; dieweil es war für sie zuvorbestimmt,
In wildangreifender Kriege
Städteverwüstenden Schlachten,
Tobenden, auszuhauchen Rauch.

Graue Drachen aber, da sie gebaut war, zur neuen
Burg hinspringende drei,
Die zwei nur bissen an,
Hernach aber, da es ihnen widerte, warfen sie Odem aus.

Einer aber stürzte herbei, aufschreiend.
Es sagte aber, das widrige bedenkend,
Das Zeichen, schnell Apollon:
Pergamos um deiner,
Heros, der Hände Werke willen genommen wird,
(Wie mir das Gesicht sagt, von Kronides
Gesendet, dem tiefrauschenden Zeus),

Nicht ohne die Kinder von dir. Doch
Zumal im ersten wird sie herrschen
Und vierten. So nun der Gott hellsagend
Zum Xanthos wegfuhr, und Amazonen, wohlbe-
rittenen und zum Ister lenkend.
Der den Dreizack aber bewegt, zum pontischen Isthmos
Den Wagen, den schnellen, spannte:
Hinsendend den Äakos
Hieher mit Rossen, goldenen,

Und zu Korinthos Gipfel, hin-
Schauend zum Mahle, dem edeln.
Erfreuliches aber unter Menschen gleich ist nichts.
Wenn aber ich auf den Milesias
Aus ungebürtigem dem Ruhm zurückkomme im
                                          Hymnus,
Nicht werfe mich mit dem Steine, dem schweren, der Neid.
Auch von Nemea denn doch
Sag ich die Freude,
Und daselbst der Männer Streit

Im Fünfkampf. Zu lernen aber
Von einem Wissenden, leichter ists.

Unsicher aber, nicht gelernt zu haben zuvor.
Denn leichter sind der Unerfahrenen Sinne.
Mit jenen aber jener möchte sagen
Mit den Werken mehr als anderes,
Welche Weise den Mann hinbringe,
Aus heiligen Kämpfen
Strebend die wünschenswerteste Ehre zu finden.
Nun ihm den Preis Alkimedon,
Den Sieg, den dreißigsten, gewinnend,

Welcher durch Glück eines Dämons,
Die Männlichkeit noch nicht umfangend,
Bei vier der Knaben gebracht hat in die Glieder
Krankheit feindlichste, und unehrsamere
Zunge, und dunkeln Pfad,
Und dem Vater des Vaters schnaubte der Zorn,
Um den Preis wetteifernd.
Im Hades ist verborgen,
Der Schickliches getan hat, der Mann.

Aber mir ziemt, das Gedächtnis
Erweckend zu sagen
Der Hände Blüte den Blepsiaden siegend,
Die sechste, welchen schon Krone
Anhängt von zweigetragenden Kämpfen.
Es ist aber auch den Gestorbnen ein Teil
Nach einem Gesetze beschieden.
Es verbirgt aber nicht Staub
Der Verwandten heilige Freude.

ZEHNTE OLYMPISCHE ODE
DEM AGESIDAMOS, EPIZEPHYRISCHEM LOKRIER, IM FECHTSPIEL

Den Olympiasieger sagt mir an,
Des Archestratos Sohn, wo im Sinn er
Mir geschrieben ist. Denn süßes ihm
Ein Lied noch schuldig, hab ich vergessen. O
Muse! aber du, und die Tochter,
Die Wahrheit Jupiters,
Mit rechter Hand entreißt den Lügen
Den Vorwurf, beleidiget zu haben den Gastfreund.

Von ferne nämlich herkommend die werdende Zeit
Meine beschämt hat die tiefe Schuld.
Doch aber zu lösen vermag die
Scharfe Beschwerde der Zins der Männer.
Nun ist das Wahlwort das gewälzte,
Wohin die Welle es wirft,
Die fließende, wo auch das gemeinsame Wort
Zu liebem wir zahlen zum Danke.

Es beherrschet nämlich die Wahrheit die Stadt der
Lokrier,
Der Zephyrischen, es liegt ihnen an Kalliope,
Und an dem ehernen Ares. Es wandte aber der Schwäne
Schlacht auch den übergewaltigen Herakles; die Fechter
Aber in Olympias besiegend, dem Ilas bringe Dank,
Agesidamos, wie Achillen Patroklos.
Hinstreckend aber einen, begabt mit Kraft, zu

Unermeßlichem stürmt er, zum Ruhme der Mann
Mit Gottes Hand.

Arbeitlos empfangen aber Freude wenige etwa.
Das Wirken vor allem ist dem Leben ein Licht.
Einen Kampf aber vornehmlich zu singen,
Die Rechtgöttinnen erhuben des Zeus, welchen
Mit ursprünglichem Zeichen Pelops'
Die Gewalt Herakles'
Gewann, als er den Poseidanischen
Hatt erlegt, Kteatos, den unbescholtnen,

Erlegt auch Eurytos, daß er den trügerisch verdienten
Unfreiwilligen freiwillig den Lohn den übergewaltigen
Machte. Im Hinterhalt aber laurend,
Unter Kleone bezwang auch jene
Herakles auf dem Wege,
Weil zuvor einst
Die Tirynthische sie zerstörten ihm die Heersmacht,
In den Tiefen gelagert von Alis,

Die Molionen übermütig. Und
Der gastfreundtäuschende, der Epejer König, hernach
Nicht lange sahe das Vaterland, das güterreiche,
Unter hartem Feuer und den Schlägen des Schwerts
In den tiefen Graben der Qual sinken seine Stadt.
Den Sieg aber der Mächtigern abzuwenden ist mißlich.
Und jener in Unentschlossenheit zuletzt
Gefangen sich gebend, dem schweren
Tode nicht entging er.

Er aber in Pisa versammelnd das ganze Heer
Und die Beute all, Zeus starker
Sohn, stiftete einen heiligen Hain
Dem Vater dem höchsten,
— — — — — — — — —

ELFTE OLYMPISCHE ODE
DEMSELBEN AGESIDAMOS

Es sind den Menschen Winde das größte
Bedürfnis, auch sind es himmlische Wasser,
Regnende, die Kinder der Wolke.
Wenn aber mit Arbeit einer wohlverfährt, sind süß-
  gestimmte Hymnen
Des Nachruhms Anfang; es gehet
Auch treuer Eidschwur großen Tugenden auf.

Neidlos aber das Lob Olympischen Siegen
Dies anhängt. Unsere
Zunge weiden will sie.
Aus Gott aber ein Mann weisem blühet auf immer dem
  Herzen.
Wisse nun, Archestratos Sohn, um deines,
Agesidamus, des Fechtspiels wegen.

Die Schönheit über der Krone der goldnen Olive,
Die lieblichtönende, will ich singen, der Epi-
zephyrischen Lokrier Geschlecht bedenkend.
Da ihr mitgesungen habet, verbürg ich mich,
Nicht er, o Musen, scheu am Heere,
Noch unerfahren des Schönen,
Hochweise aber und kriegerisch sei er gekommen. Denn
Ist sie eingeboren, weder der brennende Fuchs
Noch lautbrüllende Löwen
Umwandeln möchten die Sitte.

VIERZEHNTE OLYMPISCHE ODE
ASOPICHOS DEM KNABEN IM WETTLAUF

Kephisische Gewässer empfangend,
Die ihr bewohnet mit den schönen Füllen den Sitz,
O des glänzenden, ihr sängereichen königlichen
Charitinnen, Orchomenos,
Des altgestammten Minyä Aufseherinnen,
Hört, da ich bete!
Mit euch denn das heitre und das süße
Wird alles Sterblichen,
Wenn weise, wenn schön, wenn einer edel ist,
Ein Mann. Noch denn die Götter
Ohne die heiligen Charitinnen
Beherrschen die Länder
Oder die Mahle; sondern alle,
Ausrichtend die Werke im Himmel,
Bei ihm mit dem goldenen Bogen erwählend
Bei Pythios Apollo die Thronen,
Des unerschöpflichen heiligen sie des Vaters,
Des Olympischen, Ehre.

Herrliche Aglaia, gesängeliebende
Euphrosyna, von Göttern des Mächtigsten Kinder
Zuhörend nun, und Thalia, gesänge-
Belustigt, sehend dieses
Loblied, zu wohlgesinntem Glück
Leicht wandelnd; lydisch nämlich
Zum Asopichus in der Weise

In Sorgen der Sänger
Geh ich, weil olympischsiegend Minyä
Deinetwegen ist. Zum schwarzgemauerten nun zum
                                             Hause
Persephonens geh, Echo,
Dem Vater die rühmliche bringend
Die Botschaft, den Kleodamus, daß du sehend
Den Sohn sagest, daß er ihm die neue
Im Schoße der wohlberühmten Pisa
Gekrönt hat mit des herrlichen Kampfspiels
Flügeln, die Locke.

ERSTE PYTHISCHE ODE
HIERON DEM ÄTNÄER ZU WAGEN

Goldne Leier, Apollons
Und der dunkelgelockten
Beistimmendes der Musen Eigentum;
Welche höret der Tanz, der Heiterkeit Anfang,
Es gehorchen aber die Sänger den Zeichen,
Den reigenführenden, wenn du Eingangs
Zögerungen machest erschüttert,
Und den scharfen Blitz auslöschest
Des unaufhörlichen Feuers. Es schläft aber
Über dem Zepter Jupiters der Adler, den schnellen
Flügel auf beiden Seiten niedersenkend,

Der Herr der Vögel; eine schwarzschauende aber
Ihm eine Wolke
Über das gebogene Haupt, der Wimpern
Süß Gefängnis, gießest du aus. Er aber schlafend
Den feuchten Rücken erhebt. Von
Deinen Schlägen gebändigt. Denn auch
Der gewaltige Ares, den rauhen beiseite lassend
Der Speere Gipfel, erheitert das Herz
An Besänftigung. Die Zaubersänge aber auch
Der Dämonen besänftigen die Sinne, nach des Latoiden
Weisheit und der tiefgeschoßten Musen.

Was aber nicht geliebt hat
Zeus, stößt sich an der Stimme

Der Pieriden, der singenden;
Auf Erden und im Meer im unbezähmbaren,
Und der im schweren Tartarus liegt,
Der Götter Feind,
Typhon der hundertköpfige, den vormals
Die Kilikische nährte die viel-
benamete Grotte, nun aber
Die über Kuma meerabwehrenden Gestade,
Und Sikelia ihm drückt
Die Brüste, die haarigen; die Säule
Aber, die himmlische, zusammenhält,
Der schneeige Ätna, das ganze Jahr
Des Schnees, des scharfen, Ernährer.

Aus welchem ausgespien werden
Des reinen Feuers heiligste
Aus Kammern Quellen; die Flüsse
Aber an den Tagen einen Strom des Rauches glühend,
Aber in Nächten Felsen
Die purpurne gewälzte Flamme
In die Tiefe trägt des Pontus Ebene mit Krachen.
Jenes aber, des Hephästos Bäche, das Kriechende
Gewaltigste aufsendet; ein Zeichen,
Wunderbar zu sehen, ein Wunder auch,
Von dortgewesnen zu hören,

Wie es an Ätnas schwarzgezweigten
Gefesselt ist den Gipfeln
Und am Feld; ein Bette aber grabend
Den ganzen Rücken hingeleget spornt.

Es sei, Zeus, einer, es sei, daß er gefalle,
Der du gebeutst auf diesem Gebirge,
Der früchtereichen Erde Stirn, dessen zugenannte
Der berühmte Besitzer geehrt hat die Stadt,
Die benachbarte: der Pythiade
Aber im Lauf, der Herold, aussprach sie
Verkündigend Hierons über
Des schönsiegenden

Wagen. Den schiffegetragnen
Aber, den Männern, die erste Freude
Zur Fahrt ist, daß ihnen im Anfang
Förderlich komme ein Wind; gewöhnlich nämlich ists,
Auch zu Ende eine bessere Rückkehr
Werde sich schicken. Die Rede
In diesem Falle die Hoffnung trägt,
Noch künftig werd sie sein, mit Kronen
Und Rossen berühmt,
Und mit wohllautenden Gastmahlen genannt.
Lykischer und auf Delos Herrscher,
Phöbus, und Parnassos Quelle,
Die Kastalische, liebend,
Mögest du dies zu Gemüte
Nehmen und das männerbegabte Land.

Denn von den Göttern die Geschicke alle
Den sterblichen Tugenden,
Und Weise und mit Händen gewal-
tige und sprachereiche geboren sind. Einen Mann aber
                                              ich jenen

Zu preisen gedenkend, hoffe
Nicht erzwangigten Pfeil wie
Aus dem Kampfe geworfen zu haben,
Hinaus mit der Hand schwingend,
Weit aber fallend vorübergegangen zu sein entgegenen.
Wenn nämlich mir die ganze Zeit
Reichtum so und der Güter Gabe reichte
Und der Mühen Vergessenheit brächte.

Wohl würd er auch vergessen, welch
In feindlichen Kämpfen
Mit duldender Seele er aushielt,
Als sie fanden durch Götterhände Ehre,
Wie keiner unter Hellenen pflückt,
Des Reichtums Krone, die stolze. Nun aber,
Des Philoktetes Sache führend,
Hat er gestritten. Mit Notwendigkeit ihn den Lieben
Auch einer, ein Großmännlicher
Hat geleitet. Sie sagen aber, von Lemnos,
Durch die Wunde aufgerieben, seien
Zu holen gekommen

Heroen, halbgöttliche, des Pöas
Sohn den Schützen,
Welcher Priamos' Stadt verderbt'
Und endete die Mühen der Danaer,
Mit kranker Haut zwar gehend,
Aber zuvorbestimmt wars.
So aber dem Hiero Gott Aufrichter sei
Die kommende Zeit, des, was er

Liebt, die Zeit ihm gebend.
Muse, auch bei Dinomenes zu singen,
Willige mir, den Lohn der Tethrippen.
Eine Freude aber nicht fremd ist
Der Sieg des Vaters.
Wohlan, hernach Ätnas Könige
Den lieben erfinden wollen wir den Hymnus,

Dem jene Stadt mit
Göttlichschicklicher Freiheit
Der Hyllischen Satzung Hiero
In Gesetzen erwarb. Es wollen aber Pamphylos'
Und doch der Herakliden Enkel,
Unter den Wällen des Taygetos wohnend,
Immer bleiben in Geboten Ägimios'
Dorischen. Sie hatten aber Amyklä, reich,
Vom Pindos stürmend,
Der weißrossigen Tyndariden
Vielbedeutende Nachbarn, deren Ruhm
Blühte der Lanze.

Jupiter, gib immer aber so
Amenes am Wasser
Ein Geschick den Städten und Königen,
Zu entscheiden durch ursprüngliches Wort der Menschen.
Mit dir ein führender Mann,
Dem Sohn gebietend, und das Volk der Alte
Lenke zu übereingestimmter Ruhe.
Ich bitte, winke, Kronion, das stille
Daß das Haus der Phönizier

Und der Tyrrhenier Kriegsgeschrei hüte,
Den frechen Schiffbruch sehend,
Den vor Kuma;

Wie durch der Syrakusier Fürsten
Bezähmt sie gelitten,
Von schnellewandelnden Schiffen,
Welcher ihnen ins Meer warf die Jugend,
Hellas ziehend aus tiefer
Knechtschaft. Ich suche
Bei Salamis der Athener Dank
Und Lohn; in Sparta nenn ich
Vor Kithäron die Schlacht,
In denen die Meder sich abgemüht die krummgebogten;
Doch bei dem wohlumwässerten Ufer
Himera, den Kindern den Hymnos
Dinomenens vollbringend,
Den sie empfingen zur Tugend
Kriegrischer Männer, kämpfender.

Das Schickliche wenn du es redest, vieler
Versuche zusammenfügend
In Kürze, geringer folgt
Der Tadel der Menschen. Denn die Fülle wehret ab
— — — — — —
Der Städte Gerücht heimlich das
Gemüt beschwert am meisten über Trefflichem fremden.
Aber doch, denn besser ist denn Bedauern der Neid,
Nicht lasse das Schöne. Regiere
Mit rechtem Steuer das Heer.

Am lügenlosen Ambos
Stähle die Zunge.

Wenn etwan auch ein geringes aufflammt,
Großes wird getragen
Zu dir. Von vielem Verwalter
Bist: viele Zeugen den beiden sind treue.
Wohlblühend aber im Stolze bleibend,
Wenn etwa du liebst Gerüchte lieblich immer zu
Hören, nicht mühe zu sehr dich mit Aufwand,
Und löse wie ein steuernder Mann
Das Segel, das wehende.
Nicht täuschen laß dich, Lieber, durch Gewinn,
Leichtfertigen. Das überlebende Prangen

Allein von abgeschiedenen Männern
Die Lebensweise deutet
Den Sinnenden und den Sängern.
Nicht neidet Kröso die gedankenliebende Tugend
Und mit dem Stier, dem ehernen, verbrennend,
Das grausame Gemüt,
Feindlich den Phalaris umringet überall die Sage.
Noch ihn die Harfen unter dem
Dache in Gemeinschaft
Zarte mit Kindergesprächen nehmen.
Aber zu erfahren Gutes ist die erste der Bestrebungen,
Gutes zu hören, das zweite Los.
In beides aber, der Mann,
Welcher geraten ist und begriffen,
Die Krone, die höchste, empfing.

ZWEITE PYTHISCHE ODE
DEMSELBEN HIERO ZU WAGEN

Großstädtisches o Syra-
kusä, des tiefkriegenden
Altar des Ares, von Männern
Und Rossen, eisenerfreuten
Dämonische Nährerin,
Euch diesen vom üppigen Thebä
Bringend den Gesang komm ich,
Die Botschaft des Wagenkampfes, des erderschüttern-
                      den,
Der wagenkundige Hiero, in welchem siegend,
Mit weithinglänzenden angebunden hat
Ortygia mit Kronen,
Der stromliebenden Sitz der Artemis,
Ohne welche nicht in weichen
Händen er die buntgezäumten
Bezähmt hat, die Füllen.

Denn die pfeileliebende
Jungfrau mit gedoppelter Hand,
Und der in Kämpfen gegenwärtig ist, der Hermes,
Den glänzenden aufsetzt den Schmuck,
Den blinkenden, wenn den Sitz er
Und an den Wagen den zügel-
Gehorchenden spannt die Kraft der Rosse,
Den dreizackbewegenden weitgewaltigen rufend den
                      Gott.

Andern aber einer bringt ein anderer Mann
Wohltönend den Königen den Hymnus,
Den Preis der Tugend.
Es singen um Kinyras
Häufig die Sagen der Kyprier,
Den der goldgelockte vorziehend
Geliebt hat Apollon,

Den Priester den holden, Aphrodites.
Es waltet aber die Freude um der lieben
Irgend eines der Werke
Beherzigend; dich aber, o Dinomenes Sohn,
Die Zephyrische vor den Häusern
Die Lokrische Jungfrau nennt,
Aus kriegerischen Mühen unbeholfnen
Durch deine Stärke sicherblickend.
Durch der Götter aber ihre Gebote
Ixion, sagen sie, dieses
Zu Sterblichen sprech er, auf dem gepflügelten Rad
Allzeit gewälzet,
Daß, die den Wohltäter mit freundlicher Wieder-
                          vergeltung
Umgehen, es büßen.

Er lernte es deutlich. Bei den wohlgesinnten
Nämlich den Kroniden
Süß empfangend ein Leben,
Den weiten konnt er nicht tragen den Reichtum,
Mit rasendem Sinne
Hera, weil er liebte, die Jupiters Betten

Empfangen haben, die vielerfreuten.
Aber ihn der Übermut zu Irre, zu überschwenglicher,
Trieb. Schnell aber leidend das gewohnte, der Mann
Ausnehmende Müh empfing. Die
Zwei aber die Irren
Arbeitbringend erfüllen sie sich, einmal,
Als Heros, weil er einheimisches Blut
Zu allererst, nicht ohne Kunst,
Vermischt mit Sterblichen,

Weil er auch in den groß-
Verschlossenen Sälen einmal
Iovis Gemahlin versucht hat.
Es ist aber not, sich selbst gemäß allzeit
Von allem zu sehen das Maß.
Das Bette aber, das nebenirrende, in Übel
Gehäuftes warf es ihn, auch
Auf Folgendes. Hernach lag er mit einer Wolke zu-
        sammen,
Eine süße Lüge verfolgend, der augenlose Mann;
Gestalt nämlich hocherhabensten
Gebühret der Uranischen
Tochter Kronos; welchen Trug
Ihm brachten Jupiters Hände, eine schöne
Rache. Die vierspeichige
Aber machte die Fessel,

Sein Verderben, er selbst; in die unentfliehbaren aber,
Die Schlingen, gefallen,
Die vielgemeinsame empfing

Er die Botin. Ohne aber ihm die Charitinnen gebar
Ein Erzeugnis übermütig,
Die Eine das Eine, weder
Bei Männern geehrt noch in Göttergesetzen,
Welches sie nannte, nährend den Centauren.
Den Rossen, den Magnesischen,
Ward er vermischt in
Pelion an der Berge Füßen. Daraus wurde ein Heer,
Ein wunderbares, den beiden
Ähnlich den Eltern; nach Mutter Art von
Unten, von oben nach dem Vater.

Ein Gott überall zu Hoffnungen
Ein Ende bewirket,
Ein Gott, der auch den geflügelten
Adler einholt, und den meerigen
Übereilt
Den Delphin, auch der hochgesinnten, einen nieder-
                                            schlägt
Der Sterblichen, den andern aber
Ruhm, unalternden, übergibt. Für mich aber ist not
Zu fliehen den ekeln Zahn, die Verleumdung.
Ich kenne nämlich, ferne bleibend,
Vielfältig in Unbeholfenheit
Den tadelsüchtigen Archilochos,
Von schwerredenden Feindschaften geweidet.
Das Reichsein aber mit dem Glück des Schicksals
Der Weisheit, ist das Beste.

Du aber sichtlich es hast, mit
Freiem Sinne zu geben,

Prytane, Beherrscher vieler
Wohl gutbekränzter Städte
Und Heers. Wenn aber einer
Jetzt mit Gütern und an Ehre
Sagt, ein anderer irgend
In Hellas über die Ahnen sei erhaben,
Im schlaffen Herzen altert er, im leeren.
Zum wohlblühenden aber will ich steigen
Zum Hage, über Tugend
Frohlockend. Der Jugend nützt
Kühnheit gewaltiger Kriege; woher
Ich sage auch, du habst
Die unnachahmbare Ehre gefunden,

Teils unter rossespornenden
Männern kämpfend, teils
Unter Streitern zu Fuß. Die Ratschläge
Aber die ältern gefahrlos mir ein Wort
Nach allem Verhalt
Zu loben geben. Sei
Gegrüßet. Dies aber gleichwie Phönizische Ware
Der Gesang über das graue Meer gesandt wird.
Das Kastoreion
Aber in Äolischen Saiten
Willig betrachte, die Gabe der siebentönigen
Phorminx entgegenkommend.
Seie, welcher du bist, erfahren. Ein schöner
Affe bei Knaben immer

Schön. Radamanthys aber wohl
Getan hat, daß er des Sinnens

Empfangen die Frucht untadelhaft,
Und nicht mit Täuschungen im Gemüte
Erfreut wird innerlich,
Welches der lispelnden Händen folget immer
Der Sterblichen. Streitloses Übel
Beiden hinterlistig zu bringen, die Heimlichredenden
Der Hitze unaufhörlich der Füchse sind sie gleich.
Dem Gewinn aber, was am meisten denn eines
Gewinnbringend gemacht ist?
Wie nämlich die Meerslast
Tragend tief des andern Gefäßes,
Ununtergetaucht bin ich, wie das Korkholz,
Über der Mauer der See.

Unmöglich aber, daß ein Wort auswerfe,
Das Kraft hat unter den Guten,
Der listige Bürger. Doch gewiß,
Schmeichelnd gegen alle, sehr
Alles verwirrt er.
Nicht mit ihm teil ich eine Verwegenheit. Lieb sei es
Zu lieben. Gegen den Feindlichen aber,
Als feindseiend, des Wolfs Recht setz ich mir vor,
Anders anderswo wandelnd, auf krummen Pfaden.
In allem aber das Gesetz ein
Rechtsprechender Mann vorzieht,
Bei der Tyrannis, und wenn
Das überflüssige Heer, und wenn die Stadt die
                                                    Weisen
Bewahren. Es gebührt sich aber, gegen
Gott nicht zu rechten,

Der aufhält bald das jener,
Bald auch den andern gegeben hat
Großen Ruhm. Aber auch
Nicht dieses das Gemüt erfreuet der Neidischen. Von
         einer Richtschnur
Aber irgend gezogen
Überflüssigen, stiftet einen
Schmerzlichen Riß in seinem noch eher im Herzen,
Als was durch Sinnen gefördert wird zum Glück.
Zu tragen aber leicht
Auf dem Nacken, wenn es einer empfangen hat,
Das Joch, dies hilft ihm. Gegen den Stachel aber
Zu löcken, wird ein
Schlüpfriger Pfad. Gefallend aber sei
Mir gewährt, mit den Guten zusammenzuleben.

DRITTE PYTHISCHE ODE
HIERO DEM ÄTNÄER MIT DEM RENNER

Ich wünschte, Chiron der Phillyride,
Wenn ziemend es ist, dies von unserer Zunge,
Das Gemeinsame auszusprechen, das Wort,
Daß leben möchte der Abgeschiedne,
Der Uranide, der Sohn weit-
Waltend des Kronos,
Und in den Tälern herrschen des Pelion
Das Wild, das rauhere,
Des Gemüt ist Männern hold; als welcher
Er aufzog vormals
Den Künstler der Schmerzlosigkeit
Den freundlichen, der starkgegliederten, Asklepios,
Den Heroen, der vielgenährten Bezwinger der Seuchen.

Den des wohlberittnen Phlegyas Tochter,
Ehe sie ihn zur Welt gebracht, mit der mütterbeschützen-
                              den Elithyia,
Bezwungen von goldenen
Pfeilen unter Artemis,
Zu des Hades Haus im
Bette gegangen ist,
Durch Künste Apollons. Der Zorn,
Aber nicht töricht,
Geschieht bei den Söhnen des Zeus. Sie
Aber, entwürdigend ihn,
In Irren der Sinne

Eine andere Vermählung beging, heimlich dem Vater
Zuvor dem bärtigen getraut, dem Apollo

Und tragend den Samen des Gottes den reinen.
Nicht sollte sie kommen zum bräutlichen Tisch,
Noch zu der Allertönenden Freudengeschrei,
Der Hymenäen; wie die gleichzeitigen
Jungfraun lieben die Freundinnen
Bei abendlichen Gesängen
Zu scherzen; aber
Sie liebte das Fremde.
Was auch vielen geschieht.
Es ist aber ein Geschlecht bei
Menschen das eitelste,
Welches, verachtend das heimische,
Nachschaut dem Fernen,
Vergebliches jagend
Mit unerfüllbaren Hoffnungen.

Es nahm solch einen großen Schaden
Der schöngekleideten Seele, der Koronis.
In des neugekommenen nämlich lag sie in des Fremdlings
Betten von Arkadia.
Nicht aber war sie verborgen dem Seher.
Im opferreichen
Python solches auch siehet
Des Tempels König
Loxias im weitesten Gebieter,
Im Sinn erfahren,
Mit alleswissendem Gemüte.

Und die Lügen berühren ihn nicht, und es trügt ihn
Kein Gott, kein Sterblicher, mit Werken noch Ratschlägen.

Und damals erkennend des Ischys des Ilatiden
Fremden Beischlaf, und widerrechtlichen Trug,
Sandt er die Schwester, von Zorn
Schwellend, von unermeßlichem,
Nach Lakeria. Drauf
Bei Böbias
Quellen wohnte die Jungfrau.
Ein Dämon aber ein anderer,
Zum Schlimmen wendend, über-
Wältigte sie. Und der Nachbarn
Viele nahmen Teil, und zugleich
Zugrunde gingen sie; und den ganzen auf dem Berge das
Feuer, aus einem
Samen entspringend, vertilgte den Wald.

Aber als auf die Mauer legten die hölzerne
Die Verwandten das Mädchen, Feuer aber umherlief
Heftig des Hephaistos, da sagt'
Apollon: Nicht mehr
Werd ichs vermögen in der Seele, mein Geschlecht zu
verderben
Im jammervollesten Tod,
In der Mutter schwerem Leiden.
So sprach er. Mit dem Schritte aber
Dem ersten ergreifend das Kind, aus Totem
Entriß ers. Der verbrannte

Aber ihm leuchtete der Scheiterhaufen.
Und es nach Magnes tragend
Gab er es dem Centauren, zu lehren
Vielverderbende den Menschen
Zu heilen die Seuchen.

Die nun, so viele kamen eingeborner
Wunden Gefährten, oder von grauem
Eisen an den Gliedern verwundet,
Oder von der Schleuder, der weithinwerfenden,
Oder von sommerlichem Feuer zu
Grunde gerichtet am Leibe oder
Vom Winter, lösend andre von
Anderer Pein
Führt' er hinaus: die einen mit sänftigenden
Gesängen besprechend,
Die andern, daß Linderndes sie
Tranken, oder den Gliedern umwindend rings
Heilmittel, andre mit Schnitten stellt er zurecht.

Aber an Gewinn auch Weisheit ist gebunden.
Es trieb auch jenen mit herrlichem
Lohn das Gold, in den Händen erscheinend,
Einen Mann vom Tode zu retten,
Der schon gefangen war. Mit
Den Händen aber Kronion,
Reißend entzwei, das Atmen
Der Brust nahm
Plötzlich; der flammende aber, der Blitz
Schlug ein mit dem Schicksal.

Es ziemt sich, Schickliches von
Dämonen zu verlangen mit sterblichen Sinnen,
Für den, der kennt das vom Fuß an, welcher Art wir sind.

Nicht, liebe Seele, Leben unsterbliches
Suche; die tunliche erschöpfe die Kunst.
Wenn aber der Weise die Grotte bewohnt
Noch Chiron, und einigen
Liebestrank ihm ins Gemüte die süßgestimmten Hymnen
Die unsern haben gebracht: einen
Arzt, würd ich ihn bitten,
Auch jetzt den trefflichen beizu-
Geben, den Männern, in heißen Seuchen,
Entweder einen vom Latoiden
Genennet oder vom Vater.
Und in Schiffen ging ich, das
Jonische teilend das Meer,
Zu Arethusa
Der Quelle, zum Ätnäischen Gastfreund,

Der in Syrakusä waltet, ein König,
Milde den Bürgern, nicht beneidend die Guten,
Den Fremdlingen aber bewundernswürdiger Vater;
Diesem zwei Freuden,
Wenn ich käme, die Gesundheit
Bringend die goldene,
Und den Preis der Wettkämpfe, der Pythischen,
Den Glanz der Kronen,
Welche wohl sich haltend Phere-
nikos nahm in Kirrha vormals:

Mehr als Gestirn uranisches,
Sag ich, würd ich ein glänzend Licht ihm
Kommen, über den tiefen Pontos gelangt.

Aber beten will ich
Zur Mutter, welche die Mädchen bei meiner Türe
Mit Pan besingen zugleich,
Die heilige Gottheit, die Nacht durch.
Wenn aber der Worte zu begreifen
Den Gipfel, Hiero,
Den rechten du weißt, lernend
Behälst du es von den vorigen.
Durch ein Rechtes, Zufälle zusammen
Zwei, teilen den Sterblichen
Die Unsterblichen. Das nun
Nicht können die Unmündigen in der Welt ertragen,
Sondern die Echten, mit Schönem genähret von außen.

Dir aber dein Teil des guten Geschicks folgt,
Denn einen völkerführenden Herrn sieht,
Wenn einen der Menschen, das große
Schicksal. Ein Leben aber ein ungerührtes
Nicht worden ist noch bei dem Äakiden Peleus,
Noch bei dem Halbgott
Kadmos: es werden aber gesagt, der Sterblichen
Reichtum den höchsten die
Zu haben, welche sowohl die goldgeschleierten,
Die singenden auf dem Berge,
Die Musen, als im siebentorigen
Atmen in Thebe, wenn wir Har-

monia singen die stieranschauende,
Wenn des Nereus, des wohl-
Wollenden, Thetis Kind, das gehörte.

Und die Götter waren beieinander zu Gast,
Und Kronos Söhne, die Könige, sah ich
Auf goldenen Stühlen, und Geschenke
Empfingen sie, und Jupiters Freude
Aus vorigen umtauschend
Aus Mühen,
Bestanden sie mit rechtem Herzen.
Eine Weile aber darauf
Den einen mit scharfen die Töchter
Vereinzelten mit Leiden
Um des Frohsinnes Teile die
Drei; aber der weißgearmten Zeus der Vater
Kam ins Bett, ins sehenswerte, der Thyone.

Dessen aber sein Sohn, den allein unsterblich
Gebar in Phthia Thetis, im Kriege
Von Pfeilen die Seele verlassend,
Erweckte, in Feuer verbrannt,
Den Danaern Jammer. Wenn aber
Im Gemüte einer hat
Der Sterblichen der Wahrheit Weg,
Muß er, zu Seligen
Gelangend, Gutes erfahren.
Anderswoher aber anderes Wehen ist
Der hochfliegenden Winde.
Der Reichtum nicht ins Weite der Männer kommt,
Der viel einst niederstürzend folgen mag.

Klein im Kleinen, groß im Großen
Will ich sein; den umredenden aber immer mit Stimme
Den Dämon will ich üben, nach meinem
Ehrend dem Geschick.
Wenn aber mir Vielheit Gott, edle, darleiht,
Hoffnung hab ich, Ruhm zu
Finden hohen in Zukunft.
Nestor und den Lykischen
Sarpedon, der Menge Sage,
Aus Worten rauschenden,
Baumeister wie, weise
Zusammengefüget, erkennen wir.
Die Tugend aber durch rühmliche Gesänge
Ewig wird.
Mit wenigem aber zu handeln, ist leicht.

VIERTE PYTHISCHE ODE
DEM ARKESILAOS VON KYRENE ZU WAGEN

Morgen gebührt es dir bei Mann, dem lieben,
Zu stehen, des rossereichen Könige
Kyrenes, daß mit dem feiernden Arkesilas,
Muse! den Latoiden den schuldigen du
Und Python mehrest den Lauf der Hymnen.
Daselbst einst der goldnen
Des Jupiters Vögel Genosse,
Wo nicht abwesend Apol-
Lo gewesen, dem Priester
Riet, dem Bewohner Battos
Der früchtetragenden Libya, die heilige
Insel, daß nun verlassend,
Er gewinnen sollte die wagenreiche
Stadt auf weißerglänzendem Hügel.

Und Medeas Wort wieder-
Bringen mit dem siebenten und zehnten Geschlecht,
Das Theräische, das einst Äetes begeistertes
Kind ausblies von unsterblichem Munde,
Die Herrscherin Kolchis. Sie sprach aber also
Zu den Halbgöttern, Jasons
Des scharfgewaffneten Schiffern:
Hört, Söhne mutiger Lichter
Und Götter!
Ich sage nämlich, aus dieser meererschütterten
Erd einst werde des Epaphus Mädchen

Der Städte Wurzel
Pflanzen die menschenerfreuende,
Auf Jupiter Ammons Boden.

Die Delphinen aber, die kurzbeflügelten,
Mit Rossen vertauschend mit schnellen,
Mit Zäumen die Ruder
Und mit Wagen mögen sie weiden, sturmfüßigen.
Jener Vogel wird vollenden,
Daß großer Städte Mutterstadt
Thera sein wird, die einst
In der Tritonide, in den Mündungen
Limnes, vom göttlichen Manne, dem kundigen
Der Erde dem gebenden, die Fremdlingin,
Vom Schiffe die Heilverkündende niedersteigend,
Empfing; im vorbedeutenden aber dabei ihr Kronion
Zeus der Vater erklang im Donner;

Als den Anker hin den erzgezähnten
Vom Schiffe zu dem niederhängenden sie hinzusprang,
                                      der schnellen
Argos Zaum. Zwölf aber zuvor
Tage aus dem Ozean erhoben wir,
Über dem Rücken von der Erde verlassen,
Das meerumflossene Holz, nach
Gedanken ausziehend den meinen.
So der einsamwandelnde
Dämon niederkam, vom leuchtenden
Des Manns des anmutigen Angesicht
Entzündet. Von freundlichen Worten

Fing sie an, den Fremden wie
Den kommenden die Gnädigen
Das Mahl verkünden zuerst.

Aber nämlich der Rückkehr Vorverkündigung der süßen
Verbot zu bleiben. Es heißt aber, Eurypylos,
Des Erdumfassenden Sohn, des unvergänglichen Eno-
                                  siden,
  Sei dort gewesen. Er erkannte aber die Angelangten;
Aber gleich, ergreifend Stücke der Erde
Mit der Rechten, das erste
Gastgeschenk verlangt' er zu geben.
Nicht mißtraute er ihm, son-
dern der Heros, ans Ufer springend,
Der Hand ihm die Hand entgegenstreckend,
Nahm an die Scholle die deutsame.
Ich höre aber, sie, ver-
Schlossen vom Holze,
Mit der meerumflossenen sei gegangen der Heerschar,

Auf des Abends feuchter See gezogen.
Wohl aber sie geboten zugleich
Den arbeitlustigen Dienern
Zu hüten; derer aber waren vergeßlich die Sinnen.
Und nun in dieser unversehrt
Der Insel wird getroffen Libyens der weitumliegenden
Same, außer der Zeit. Denn, wenn

— — — — — — — — —

Denn welchen Anfang nahm die Schiffahrt?
Und welche Gefahr mit starken ungezähmt

Band mit den Nägeln? ein Götterspruch war, Pelias
Durch erlauchter Äoliden werde sterben
Hände oder Ratschläge ungebeugte.
Es kam aber ihm kalt
Ins dichtverwahrte ein Seherwort ins Gemüt,
Vom Mittelpunkte bäumereichen
Gesprochen der Mutter,
Den Einschuhigen allzeit
In Verwahrung zu halten in großer,
Bis von erhabnen
Bergwohnungen zum wohlgehügelten
Lande kommen möchte der rühmlichen Jolkos

Ein Fremdling oder ein Bürger. Der aber zur Zeit
Ankam, mit Speeren gedoppelt ein Mann
Furchtbar. Die Kleidung aber zweifach ihn einhüllt',
Als bei Magnesiern heimatlich, gemäß
Den staunenswürdigen Gliedern,
Umher aber das Pantherfell
Hielt ab die rauschenden Regen.
Noch nicht der Haare Locken
Geschoren wallten die herrlichen,
Sondern den ganzen Rücken hinab erglänz-
Ten. Plötzlich aber, gerade gekommen, die ihren
Stand er die Gesinnungen des uner-
Schrockenen versuchend
Auf der Agora des versammelten Volks.

Ihn nun nicht sie erkannten. Der Beachtenden
Aber doch einer sagte auch dies:

Nicht etwa wohl ist dieser Apol-
Lon. Noch auch der erzgefahrene ist er, der Gemahl
Aphroditas. In Naxos aber,
Sagen sie, sein gestorben in der stattlichen Iphimedias
Kinder, Otos, und du, ver-
Wegner Epialtes König.
Auch ja den Tityos der Pfeil der Artemis
Erschoß der schnelle, aus unüber-
Wundenem Köcher getrieben,
Daß einer das möglich geliebteste
Zu berühren liebe.

Sie nun untereinander hin und wider
Redeten solches. Mit Mäulern aber
Und blankem Fahrzeug schnell Pelias
Kam hereilend. Er staunte aber, gleich erblickend
Den wohlbekannten Schuh
Am rechten allein am
Fuße. Verhehlend aber im Gemüte
Die Furcht, sprach er: ›Welch
Land, o Fremdling, rühmest du
Das väterliche zu sein? und wer der Men-
Schen dich der erdgeborenen dem dunklen
Dich entsandte dem Leibe? mit
Verhaßtesten nicht mit Lügen
Befleckend sage die Abkunft!‹

Ihm aber kühn mit friedsamen Worten
Also antwortete jener: ›Ich sage die Lehre
Chirons zu bringen. Von der Grotte nämlich komm ich

Bei Chariklo und Philyra, wo des Ken-
Tauren mich die Töchter gezogen die heiligen.
Zwanzig aber vollendend
Der Jahre, nachdem ich weder ein Werk
Noch Wort gesprächig
Jenen gesagt, bin ich gekommen
Nach Haus, der alten mich annehmend
Des Vaters mein, die beherrscht wird
Nicht nach Fug, die einst
Zeus hat erteilt dem Fürsten
Äolos und den Kindern der Ehre.

Ich erfahre nämlich, sie Pelias ungerecht,
Den hellen vertrauend den Sinnen,
Den Unsrigen habe geraubt
Mit Gewalt den ersturteilenden Eltern,
Die mich, als allererst ich gesehen
Das Licht, des übermütigen Fürsten
Fürchtend die Frechheit, die Ehre wie
Eines Gestorbenen, die finstre,
In den Häusern anstellend mit We-
Heklagen der Weiber, heimlich ge-
Sandt in Windeln purpurn,
Mit der Nacht sich suchend den Pfad, dem Kroniden
Aber zu erziehn dem Chiron haben gegeben.

Aber von diesen die Hauptsach den Worten
Wißt ihr. Der weißgeroßten aber die Häuser der Väter,
Ihr edeln Bürger, saget mir deutlich.
Von Äson nämlich das Kind, heimatlich, nicht

In fremdes bin ich gekommen ins Land von andern.
Der Wilde aber der göttliche Ja-
Son benennend mich rief.‹
So sprach er. Ihn nun an-
Gekommen erkannten die Augen des Vaters.
Aus aber ihm schwollen
Tränen von den alten Augenlidern,
In seiner Seele, da er
Sich freute, den auserwählten
Sohn ansehend, den schönsten der Männer.

Und Brüder zu ihnen beide
Kamen nach jenes Ruf, näher
Einmal Pheres, die Quelle die Hypereide verlassend,
Doch aus Messana Amythan, geschwinde
Aber Admetos kam und Melampos,
Wohlgünstig dem Schwe-
Stersohn. In des Gastmahls aber dem Anteil
Mit lieblichen Worten
Sie Jason empfangend,
Gastfreundlich schicklich bereitend,
Zu aller Gutmütigkeit strebte,
Von vollen fünf pflückend
Von Nächten und von Tagen
Die heilige des Wohllebens Blüte.

Aber im siebten, alles Wort darstellend
Das ernste von Anfang der Mann
Den Verwandten mitteilte.
Sie aber sagten zu. Schnell aber von den Betten

Aufsprang er mit jenen. Und sie ka-
Men in den Palast Pelias', stürmisch
Aber drin sie standen. Sie aber hö-
Rend er selbst entgegenkam,
Tyros der lieblichgelockten Sohn.
Sanft aber Jason mit weicher
Stimme ergießend Gespräch,
Legt' er den Grund der weisen Reden:
›Kind Posedaons Peträos,

Es sind zwar der Sterblichen Sinne schneller,
Gewinn zu loben, ehe das Recht, den trügerischen,
Zum wilden wandelnd zum Nachtfest doch.
Aber mir ziemet und dir, berichtigende
Den Zorn, zu bauen künftiges Gut.
Dem Wissenden dir ich sage:
Eine Kuh dem Kretheus Mutter
Ist und dem kühnsinnenden Sal-
moneus, in dritten aber Abstammungen
Wir auch von jenen gepflan-
Zet die Kraft der Sonne die goldne
Schaun. Die Mören aber entwei-
Chen, wenn eine Feindschaft ist
Bei Verwandten, die Scham zu bedecken.

Nicht ziemt es uns, mit ehernspaltenden Schwertern
Noch Speeren die große der Ahnen
Die Ehre zu teilen. Die Schafe nämlich dir ich
Und der Stiere braune Herden über-
Laß und die Äcker all, das Hinterlassene

Unserer Väter,
Zu verwalten, den Reichtum weidend,
Und nicht mich bemüht es, dein Haus
Mit diesem beschenkend zu sehn.
Aber sowohl den Zepter alleingebietend,
Als auch den Thron, wo einst der Kretheïde
Sitzend den reitenden
Entbot den Völkern das Recht,
Dies ohne wechselseitiges Übel

Laß uns, daß nicht ein neues aus
Jenem entstehe ein Böses.‹
So sprach er. Verschwiegen
Aber redete dagegen auch Pelias: ›Sein werd ich
Ein solcher. Aber schon mich das al-
Te Teil des Alters umgibt,
Dein aber die Blüte der Jugend eben auf-
Wallt. Kannst aber nehmen
Den Haß der Unterirdischen. Es mahnt nämlich seine
Seele wiederzubringen Phrixos kom-
Mende, zu Äetes Gemachen,
Und das Fell des Widders, das zottige, zu holen,
Durch den einst aus dem Pontos gerettet

Und aus der Stiefmutter gottlosen Pfeilen er ward.
Dies mir ein wunderbarer Traum gekommen
Sagt. Zum Seher gegangen aber bin ich nach Kastalia hin,
Ob zu ändern etwas. Und alsbald heißt
Er mich bereiten dem Schiffe die Fahrt.
Dieses Kampfspiel willig

Vollende, und dir, allein zu herrschen
Und König zu sein, schwör
Ich hin zu gehn. Ein kräftiger
Eid uns Zeuge sein soll
Zeus der Geburtgott beiden.
Den Bund so gelo-
Bend, jene geschlichtet waren.
Aber Jason selbst jetzt

Trieb Herolde, die bevorstehende Fahrt
Zu offenbaren überall. Bald aber des Kroniden
Zeus Söhne, drei rastlosstreitende,
Kamen und Alkmenes und der schwarzgewimperten
Leda. Zwei aber hochgelockte
Männer, des Ennosiden
Geschlecht, geehrt in Kraft
Und aus Pylos und vom Gip-
Fel Tänarons, deren Ruf
Trefflich und Euphemos' gemacht war
Und deiner, Periklymenos Vielgewalt.
Von Apollon aber, der Lauten-
Spieler, der Gesänge Vater
Kam, der wohlgepriesene Orpheus.

Es sandte aber Hermes, der goldgestabte, zwei
Söhne zur ungemessenen Arbeit,
Einmal Echion, rauschende von
Jugend, dann den Erytos. Bald
Aber um Pangäos Täler
Die Schiffenden kamen; auch nämlich gerne

Mit Gemüte, freundlichem, schneller aus-
Rüstete der König der Winde
Den Zetas und Kalaïs, der Vater Boreas,
Die Männer mit Flügeln am Rücken rau-
schend beide, mit purpurnen.
Jenes aber, das allberedte süße, den Halb-
Göttern das Verlangen entzündet im Innern Hera,

Des Schiffes Argos, nicht daß einer zurückgelassen
Das gefahrlose bei der Mutter bleiben möchte
Das Leben verzehrend, sondern auf den Tod selbst
Das Heilgift, das schönste, seiner Tugend
Mit Zeitgenossen finden mit andern.
Bei Jaolkos aber, als
Gelandet war der Schiffer Blüte,
Erlas alle lobend
Jason. Und ihm
Der Seher mit Vögeln und Lo-
Sen wahrsagend, mit heiligen,
Mopsos trat auf im Heere
Geneigt. Als aber am Schnabel des Schiffes
Sie aufhängten die Anker oben,

Die goldne mit Händen ergreifend die Schale,
Der Fürst am Ende des Schiffes den Vater der Uraniden,
Den speerestrahlenden Zeus, und die schnellschiffenden
Der Wellen Triebe und der Winde rief,
Und die Nächte und des Meeres Pfade
Und die Tage die wohlgesinnten und
— — — — — — — — — —

FÜNFTE PYTHISCHE ODE
DEM ARKESILAS VON KYRENE, ZU WAGEN

Der Reichtum weitvermögend,
Wann einer, mit Tugend ge-
Mischt, mit reiner, ein sterblicher Mann,
Vom Schicksal gegeben, ihn aufzieht,
Zum vielgeliebten Geleiter,
O göttlichbeglückter Arkesilas,
Du ihn von gepriesener
Urzeit hohen Staffeln
Herab mit Ruhm
Fortbreitest um des gold-
Gefahrenen Kastors willen,
Den göttlichen der nach winterlichem
Sturme den deinen überglänzt
Den seligen Herd.

Weise aber schöner
Tragen auch göttlich-
Gegebene Macht. Dich aber, gewandert im
Recht, viel Gut umweidet.
Zum Teil, weil König
Du bist von großen Städten,
Es hat das mitgeborne
Aber das Auge als bescheidenste
Zierde deinem dies zugesellet
Dem Sinne; selig aber auch
Jetzt, weil freigepriesnen

Ruhm schon Pythias
Du mit Rossen gewonnen und empfangen hast,
Diesen Komos der Männer,

Das Apollonische Spiel. Darum dir
Nicht verhohlen sei, in Kyrene
Um den süßen Garten
Aphroditens besungen
Über allem den Gott als wirkend zu setzen.
Zu lieben aber Karrhotos vornehmlich unter den
                                          Freunden.
Der nicht des Epimetheus
Bringender des rückwärtsschauenden Tochter,
Die Prophasis, in der Battiden
Gekommen ist in die Häuser der Rechtverwaltenden,
Sondern das Best im Wagen gewonnen,
Am Wasser Kastalias
Gegenwärtig zu Gast, den Preis
Geworfen hat um deine Locken,

Mit unbeschädigtem Zügel
Der starkfüßigen zwölf
Wettläufe gestellt. Er verschloß nämlich
Der Waffen Kräfte keine; aber aufgehängt sind,
So viele der händerhebenden
Baumeister Werke er führend
Dem Krisäischen Hügel
Vorbeikam, im tiefliegenden
Haine Gottes. Sie alle hat
Der Kypressen Palast an der

Säule umher,
Kreter die, Bogentragende, auf dem Oache
Dem Parnassischen haben gesetzt,
Von einem Stamme gewachsen.

Mit willigem also gebührt sichs
Mit Gemüte dem Wohltäter
Zu begegnen. Alexibiade,
Dich aber die schöngelockten entzünden die Grazien.
Seliger, der du hast
Auch mit besten Worten
Große Mühe
Zum Angedenken. Denn unter vierzig
Gestürzten Mäulern
Bist du, ganz den Wagen
Bringend, mit ungetrübtem Sinne,
Gekommen nun in Libyas Feld,
Aus glänzendem Wettkampf
Und in die väterliche Stadt.

Der Mühen aber keiner entledigt ist,
Noch sein wird. Von Battos
Aber folgt das alte
Gut doch dies und jenes erteilend,
Die Burg der Stadt, und das Auge, das leuchtendste,
Dem Fremden. Jenem auch schwerprangende
Löwen aus Furcht
Entflohn, mit der Zunge, wenn sie schalt
Der meerüberstürmenden.
Der Anführer aber gab Apollo

Die Tiere grausamer Furcht,
Daß nicht dem Walter
Kyrenes er unnütz
Würde mit Weissagungen.

Der auch der schweren Krankheiten
Heilmittel den Männern
Und Frauen erteilt, und gereicht hat die Zither,
Und gibt die Muse, welchen er will,
Unkriegerische, wenn er gebracht
In den Busen Redlichkeit.
Und die Tiefe bespricht er,
Die prophetische, womit er auch
In Lakedämon und Argos und
Im blühenden Pylos beherrscht hat
Die Starken, des Herakles
Nachkommen und Ägimios. Das
Meine aber, zu singen von
Sparta den liebenswürdigen Ruhm,

Woher entsprungen
Gekommen nach Thera sind
Die Lichter, die Ägeiden, meine Väter, nicht
Ohne die Götter. Aber ein Schicksal brachte sie
Zum reichlichen Opfermahl.
— — — — — — — —

ACHTE PYTHISCHE ODE
DEM ARISTOMENES, ÄGINETEN, DEM RINGER

Freundlichgesinnte Ruhe, der Gerechtigkeit
Du, o höchstgesellige
Tochter, und der Ratschläge und Kriege
Besitzend die Schlüssel
Die erhabensten, die Pythosiegende
Ehre von Aristomenes
Nimm. Du nämlich sanft zu wirken
Und zu leiden zugleich weißt
Zu rechter Zeit.

Du aber, wenn einer unliebliche
Ins Herz Feindschaft
Genommen, hart den Mißmutigen
Begegnend,
Mit Kraft legst du den Übermut in den Kot.
Dich weder Porphyrion
Erfuhr, ohn ein Schicksal reizend.
Der Gewinn aber der liebste, eines Willigen, wenn
Einer aus den Häusern ihn bringt.

Mit Gewalt aber auch Großprahlendes stürzt
Zu seiner Zeit. Typhos, der Kilizische der hundert-
                              köpfige,
War nicht müßig,
Noch wahrlich der König der Giganten,
Gebändiget aber ward er vom Blitz

Und den Pfeilen Apollons.
Der mit gutgesinntem Gemüte
Den fremdewerten aufgenommen hat von Kir-
Rha bekränzt,
Den Sohn, auf der Weide, der Parnassischen,
Und im Dorischen Komos.

Gefallen aber ist nicht von Grazien fern
Die rechtgesellige,
An die Tugenden, die berühmten, der Äakiden
Reichend, die Insel. Vollen-
Deten aber hat Glanz von Anfang.
In vielen nämlich wird sie
Gesungen in siegbringenden Wettkämpfen
Nährend und in schnellen erhabenste
Heroen in Schlachten,

Was auch unter Männern vorzüglich ist.
Ich bin aber beschäftiget,
Auseinander zu setzen alles große Lob,
Mit der Leier, und Worte
Weich; daß nicht die Fülle kommend
Steche. Dies aber auf den Füßen mit mir
Soll kommen laufend, deine Forderung, o Knabe,
Des neuesten Schönen, um meine
Fliegend die Kunst.

In den Ringkämpfen nämlich forschend nach
Den Mutterbrüdern, zu Olympia
Den Theognitos du nicht tadelst,

Noch Klitomachos Sieg,
Auf Isthmos, den kühngegliederten.
Fördernd aber das Vaterland
Den Midyliden, das Wort trägst du,
Jenes, welches einst Oikles'
Sohn, im siebentorigen schauend
Die Söhne in Thebe aussprach
Die bleibenden in der Schärfe des Schwerts,

Als von Argos gekommen waren
Des andern Weges die Epigonier.
So sprach er: In der Kämpfer
Natur, die edle
Gehet über von den Vätern
Zu den Söhnen die Geistesgegenwart. Ich schaue
Deutlich den Drachen bunt unter dem flammenden
Den Alkmäon dem Schilde treibend,
Den ersten in Kadmos Toren.

Der aber gearbeitet im ersten Kampf,
Jetzt in Günstigeres enthalten ist
Des Vogels Botschaft,
Adrastos der Heros. Das
Aber von Haus aus ist gegen das Tun.
Allein nämlich aus der Danaer
Heere, des Gestorbenen Gebeine sammelnd
Des Sohns, durch Glück der Götter wird er kehren
Mit dem Volke unverletzt

In des Abas weitumliegende Felder.
Desgleichen sprach Amphiaraos.

Freuend aber mich selbst
Den Alkmäon ich mit Kränzen werfe,
Beträufe aber auch mit dem Hymnos:
Benachbart, weil er mir und
Der Güter Hüter der meinigen
Begegnet ist, dem gehenden in der Erde
Mittelpunkte den besungenen,
Und an der Weissagungen Teil gehabt hat
Den verwandten Künsten.

Du aber, Fernhintreffender, den allscheinenden
Tempel den wohlberühmten durchherrschend,
In Pythons Grotten
Die größte damals
Der Freuden hast du zugeteilt, zu Haus
Aber vorher die erbeutete
Gabe mit Fünfkampfs Festen
Uns gebracht hast, König. Mit willigem aber
Wünsch ich mit dem Gemüte

Nach der Harmonie zu sehen
Jedes, worauf ich
Komme. Dem Komos aber, dem lieblichsingenden,
Ist die Regel beigestanden.
Der Götter aber das Angesicht, das unverderbliche,
                                             bitt ich,
Das freundlichhelfende, für eure
Begegnisse. Wenn nämlich einer Treffliches erreicht hat
Nicht mit guter Arbeit, vielen weise
Scheint er mit unnachdenkenden

Das Leben zu waffnen mit rechtratschlagenden
Künsten. Das aber nicht an Menschen liegt;
Ein Dämon aber gibt es.
Anderswoher andere von oben herunter treffend,
Einen andern aber unter der Hände
Maß läßt er hernieder.
In Megara aber hast du den Preis,
Im Winkel Marathons, und der Heere
Kampf den heimischen
Mit Siegen dreifach, Aristomenes,
Hast du bezwungen mit Arbeit.

Auf vier aber bist du gestürzt von oben
Auf Körper, übles
Gedenkend; welchen weder eine Rückkehr denn
                                          doch
Eine sanfte in Pythias ist
Entschieden worden, noch, da sie kamen
Zur Mutter, umher ein Lachen
Süß erweckt Freude; in den Straßen
Der Feinde aber unangesehn kriechen sie, durch das
Schicksal belehrt.

Wer aber ein Schönes neu empfangen,
Herrlichst auf
Aus großer Hoffnung fliegt
Auf geflügelten Lüften,
Habend größere des Reichtums
Sorge. In wenigem aber
Der Sterblichen das Erfreuliche wächst, so

Aber auch fällt es zu Boden, von irrem
Rate geschüttelt.

Tagwesen! Was aber ist einer? was aber ist einer nicht?
Der Schatten Traum, sind Menschen. Aber wenn der
                                                      Glanz
Der gottgegebene kommt,
Leuchtend Licht ist bei den Männern
Und liebliches Leben.
Ägina, liebe Mutter,
In freiem Gewande
Die Stadt, die trage mit Zeus
Und dem Herrscher Äakos
Und Peleus und dem besten Telamon
Und mit Achilles.

NEUNTE PYTHISCHE ODE
TELESIKRATES, DEM KYRENÄER

Ich will den erzbeschildeten Pythioniken,
Mit den tiefgegürteten verkündend, den Telesi-
krates, den Charitinnen, ausrufen,
Den mächtigen Mann, der rosse-
Treibenden Krone Kyranas;
Die der gelockte wind-
Brausende aus Palions Scho-
ße dereinst der Latoide
Geraubt hat, und gebracht auf goldenem
Die Jungfrau die wildere auf
Dem Wagen, dann sie des herdereichen
Und früchtereichsten
Gesetzt hat als Herrscherin des Landes,
Wurzel des unversuchten die
Liebenswürdige dritte zu bewohnen.

Es empfing aber die silberfüßige Aphrodita
Den Dalischen Gastfreund, die göttlichgebauten Wagen
Berührend mit der Hand der leichten.
Und sie auf süßen
Betten die liebenswürdige legte, die Scham,
Gemeinsame vereinend dem Gott
Hochzeit, gemischt mit dem Mädchen
Hypseus, des weitgewaltgen,
Der der Lapithen, der waffenerhabnen,
Damals war König,

Von des Ozeans Stamm der Heros,
Der zweite, welchen dereinst in des
Pindos berühmten Gewölben
Die Nais die fröhliche in des Pe-
nëus Bette, Krëusa, geboren,

Der Erde Tochter. Der aber das schönarmige
Erzog das Mädchen Kyrana,
Die weder der Nadeln lobens-
Werte liebte die Wege,
Noch der Mahle der häuslichen
Mit Freundinnen die Ergötzungen,
Sondern mit Pfeilen ehernen
Und dem Schwerte streitend
Zu fällen die wilden
Tiere; wahrlich vielen und ruhigen
Den Stieren Frieden bringend den väterlichen,
Den beiwohnenden aber den süßen
Wenigen über den Wimpern
Den Schlaf auflösend zu wandeln zu Eos.

Es traf sie mit einem Löwen einst der weitgeköcherte
Einem plötzlichen allein fechtend ohne
Spieße fernhinwirkend Apollon.
Schnell aber aus den Palästen,
Den Chiron redet er an mit der Stimme:
Die erhabene Grotte, Phillyride,
Verlassend, den Mut des Weibes
Und die große Kraft
Bewundere, was für einen mit ungetrübtem

Einen Kampf sie führt mit dem Haupte,
Über Gefahr erhoben die Jungfrau,
Eine Brust habend. Von Furcht
Aber nicht werden bestürmet die Sinne.
Wer sie von den Menschen erzeugt hat?
Von welchem aber entströmt dem Geschlechte,

Der Berge Höhlen hat sie der schattigen?
Sie genießt aber Stärke unerprüfte. Ist Recht,
Die berühmte Hand ihr anzulegen,
Oder auch aus den Betten
Gewonnen hat die liebliche wer?
Ihm aber der Kentauros begeistert,
Mit der heitern, lieblich lächelnd,
Der Augenbraue, seinen Sinn
Geschwind antwortete: Verborgen
Die Schlüssel sind der weisen
Pitho der Heiligtümer der liebsten,
Phöbos, und unter Göttern
Dieses und Menschen zugleich
Sie scheuen, öffentlich das
Liebliche zu gewinnen zuerst das Bett.

Und nämlich dich, den nicht gerecht die Lüge zu be-
               rühren,
Getrieben hat der freundliche Übermut,
Zu überreden dieses Wort. Des
Mädchens aber woher das Geschlecht,
Du erfragst, o König? Das herrschende
Der du von allem das Ende

Weißt und alle Pfade;
Und welche die Erde im Frühlinge Blätter
Ausschickt, und wie viel
Im Meere und den Flüssen Sand
Von den Wellen und den Stößen der Winde gewälzt
                                    wird,
Und was aufkommt, und was
Einst sein wird, wohl du siehst,
Wenn es aber not, unweise dir zu begegnen,

So sag ichs. Dieser als Gemahl bist du gekommen ins
                                    Bergtal
Hieher, und du wirst über das Meer
Zu Jupiters trefflichem Garten sie bringen.
Wo du sie zur Oberstädtischen
Setzen wirst, nachdem du das Volk erweckt hast,
Das Insulanische, auf umliegende Ufer.
Jetzt aber mit weiten Wiesen
Die edle dir Libya wird
Aufnehmen die wohlberühmte Nymphe
In Häusern goldnen,
Geneigt, wo ihr des Landes Schicksal
Bald zu erfüllen
Das gesetzliche wird gegeben werden,
— — — — — — — —

ZEHNTE PYTHISCHE ODE
HIPPOKLES, DEM THESSALIER, DEM DOPPELRENNER

Herrliche Lakedämon,
Selige Thessalia, vom Vater
Aber über beide von Einem
Des Aristomachos Geschlecht, von Herakles herrscht.
Wie? prang ich zur Unzeit?
Aber mich Pytho und das
Pelinnäische tönt
Und Aleva die Kinder, dem Hippokles
Wollend bringen die epikomische
Der Männer berühmte Stimme.

Er kostet nämlich das Kampfspiel;
Und im Felde der Amphiktyonen
Die Parnassische ihn, die Tiefe,
Der doppelrennenden höchsten der Knaben ihn aus-
                                      gesprochen.
Apollo, süßes aber der Menschen
Anfang und Ende! treibendes
Geistes, wachsen wird,
Der wohl durch deine Gedanken dies
Getan hat; in Angeborenem aber gegangen ist,
Auf Spuren des Vaters,

Olympischer Sieger
Zweimal in kriegrischscheinenden des Ares
Waffen; es macht' ihn auch der tiefwiesige,

Der Kirrhas, der Kampf
Unter dem Felsen ihn zum herrlichwandernden unter
                                            dem Phrikischen.
Es möge folgen ein Schicksal auch folgenden
In den Tagen der männerführende
Reichtum zu blühen ihnen,

Das aber in Hellas das Erfreuliche
Empfangend nicht in kleinen Gaben,
Nicht neidischen von Göttern
Umwandelungen mögen sie begegnen. Gott sei
Das unschuldige Herz. Glückselig aber
Und besungen jener
Mann wird von Weisen,
Welcher mit Händen oder der Füße Tugend
Herrlich das Höchste des Kampfspiels gewonnen hat,
Mit Kühnheit und Kraft,

Und lebend noch den neuen
Im Los den Sohn sieht gewinnend
Kronen Pythische.
Der eherne Himmel noch nicht ist zugänglich ihnen.
So viele aber, das sterbliche Volk,
Herrlichkeiten wir fassen,
Erreicht er bis zur äußersten Fahrt.
In Schiffen aber, nicht zu Fuße wandelnd,
Möchtest du finden zu der Hyperboreer Kampfspiel
Einen wunderbaren Weg.

Bei denen vormals Perseus
Zu Gast war, der Fürst, in die Häuser eingehend,

Berühmte der Esel Hekatomben
— — dem Gotte
Opfernd, an deren Mahl beständig
Dem einfältigen am meisten Apollon
Sich erfreut und lacht, schauend den Übermut
Der gebäumten Tiere.

Die Muse aber wandert nicht
Von der Weise derselben; überall aber
Die Chöre der Jungfraun
Und der Leier Stimmen und das Rauschen der Flöten
                               ist erschüttert,
Und der Daphne, der goldenen,
Die Locken flechtend, halten
Sie Gastmahl gutgesinnt.
Krankheiten aber, auch nicht das Alter, das verderb-
                               liche,
Mischt sich dem heiligen Geschlecht. Der Mühen
Aber und der Schlachten los

Wohnen sie, fliehend
Die übergerechte Nemesis. Kühn aber
Atmend aus dem Busen
Kam Danaens einst ihr Sohn, es führt' ihn aber Athene,
Zu der Männer, der seligen,
Schar; und er tötete die
Gorgone, und bunten Haupts
Mit Drachen Mähne kam,
Den Inselbewohnern steinernen Tod mitbringend.
Mir aber ist zu wundern,

Nach der Götter Vollendung
Nichts jemals scheint zu sein unglaublich.
Das Ruder halte, schnell aber wirf
Den Anker zum Boden
Von der Prora, des laurenden Wehre des Felsen.
Der enkomischen nämlich die Blüte der Hymnen
Anderswoher auf anderes, wie die Biene,
Flattert sie auf das Wort.

Ich hoffe aber, die Ephyräer
Wenn sie die Stimme um den Peneios die süße
Ausgießen die meine,
Den Hippokles noch auch mit Gesängen
Wegen der Kronen
Ansehnlich unter den Zeitgenossen zu machen,
Auch unter den Älteren,
Und neuen Jungfrauen zur Sorge.
Dann nämlich andern anderer Liebe
Mag stechen die Sinne.

Worauf aber ein jeder sich wirft,
Wenn ers erreicht hat, die räuberische halt er zurück,
Die Sorge, die vor den Füßen;
Das aber auf ein Jahr unmöglich ist es vorauszudenken.
Ich habe gehorcht der Freundschaft
Der lieblichen des Thorax, welcher,
Meinen ausrichtend, den Dank,
Diesen angeschirrt hat den Wagen der Pierinnen
Vierspännig, liebend den liebenden, führend
Den Führenden vorschauend.

Auf dem versuchten aber das
Gold auf dem Probierstein glänzt, und ein Gemüt, das
                                                                                recht ist.
Die Brüder aber auch, die trefflichen, wollen
Wir loben, weil sie
Hoch bringen das Gesetz der Thessalier
Fördernd. Unter den Guten aber sind
Die väterlichen heiligen
Der Städte Regierungen.

ELFTE PYTHISCHE ODE
DEM THRASYDÄOS, THEBANER, DEM WETTLÄUFER

Kadmos' Mädchen, Semele,
Der Olympiaden Nachbarin,
Ino aber Leukothea, der pontischen
Mitbeiwohnerin der Nereiden,
Kommt mit Herakles' bestgebärender
Mutter bei Melias, der goldenen,
Zum verborgenen der Dreifüße
Schatz, welchen vorzüglich
Geehrt hat Loxias,

Den Ismenischen aber
Genannt hat, den wahren prophetischen Stuhl,
O Kinder der Harmonia, wo auch
Jetzt er die beiwohnende der Heroiden
Schar die einstimmende ruft zusammenzusein,
Daß ihr Themis, die heilige, und Python
Und den rechtsprechenden
Der Erde Mittelpunkt rühmet
Mit der Höhe der abendlichen,

Dem siebentorigen Thebe
Zu lieb, und dem Kampfe von Kirrha,
In welchem Thrasydäos gedachte des Herds,
Die dritte die Krone, die väterliche, legend darauf,
In reichen Feldern des Pylades siegend,
Des Gastfreunds des Lakonen Orestes.

Den, da getötet war
Der Vater, Arsinoe Klytemnestras
Händen den gewaltigen heimlich
Nährend entriß, der bösbetrübten,
Als des Dardaniden Tochter des Priamos,
Kassandra, mit grauem Eisen
Mit der Agamemnonischen
Seele sandte zu des Acheron
Gestade, dem schattigen,

Das grausame Weib. Ob
Sie Iphigenia, am Euripos
Geschlachtet, ferne vom Vaterlande, gestochen,
Den schwerhändigen zu erheben den Zorn?
Ob in fremdem Bette überwältiget
Der nächtliche sie getrieben der Beischlaf?
Dies aber jungen Frauen ist
Die feindlichste Verirrung, und
Zu verbergen unmöglich

Fremden Zungen.
Übelredend aber sind die Bürger.
Es hat nämlich der Reichtum nicht kleineren Neid,
Der aber, am Boden atmend, unnachzusagendes saust.
Es starb er selbst, des Heros, der Atride, angekommen.
Zur Zeit im berühmten Amyklä,

Und das prophetische bracht er ins Verderben das
                                                          Mädchen,
Nachdem er um Helenas willen der versengten

Trojaner auflöste die Häuser,
Der Mächtigste. Jener aber zum alten Gastfreund
Strophios kam mit neuem Haupte,
Des Parnassos Fuß bewohnenden; aber
Zur Zeit mit Ares
Tötet' er die Mutter und traf
Ägisthos im Morden.

Wohl, o ihr Lieben! ward ich
Auf wechselndwandernden Kreuzweg gewälzt,
Den geraden Pfad gegangen zuvor; oder
Mich irgend ein Wind aus der Fahrt hat
Geworfen, wie die Barke, die meerdurchsegelnde:
O Muse, das deine aber, wenn für Lohn
Du dich verbunden hast, darzugeben
Die Stimme die übersilberne, anderswoher
Anders ist gewohnt zu vermengen.

Entweder dem Vater dem Pythosiegenden
Das jetzt, oder dem Thrasydäos,
Deren Gutmütigkeit und Ruhm herglänzt.
Das auf Wagen schönsiegend vormals,
Und in Olympia der Kämpfe, der vielgenannten, hatten sie
Den schnellen Strahl mit den Rosen.

Und in Pytho nackt ins
Stadium niedergestiegen, warfen sie nieder
Die Hellenische Schar, urplötzlich.
Von Gott her erbitt ich das Schöne,
Mögliches erstrebend zu rechter Zeit.

Von dem nämlich in der Stadt findend
Das Mittlere in größerem
Reichtum blühend, tadl ich
Das Los der Tyranneien.

Um der fremden aber der Tugenden willen
Bin ich gespannt. Die Neidischen aber schützen mit Miß-
Handlungen sich. Wenn einer das Höchste ergriffen
                                    und ruhiger
Verwaltend dem schweren Übermut
Entflohen ist, des schwarzen Ende
Das schönere des Todes hat er gehabt,
Dem süßesten Geschlecht
Die wohlbenamte der Güter
Stärkste Freude reichend.

Was den Iphikliden
Bezeichnet Iolaos,
Den besungenen, und Kastors Kraft,
Und dich, König Pollux! ihr Söhne der Götter!
Zum Teil, des Tages, auf den Thronen Therapnes,
Zum Teil wohnend innen im Himmel.

ZWÖLFTE PYTHISCHE ODE
MIDAS, DEM AGRIGENTINER, DEM FLÖTENSPIELER

Ich bitte dich, ganzliebende,
Schönste der sterblichen Städte,
Persephonens Sitz, die
Du über den Ufern des schafenährenden
Wohnest, auf Akragas wohl-
Gebaueter Pflanzstadt, Königin,
Freundlich mit der Unsterblichen
Und der Menschen Wohlgefallen,
Nimm diese Krone von
Pythons berühmtem Midas
Und ihn selbst, der Hellas hat
Besieget mit Kunst; die vormals
Pallas hat erfunden, den dreisten der Gorgonen
Den verderblichen Threnos durchwindend, Athana

Welchen unter jungfräulichen
Unförmlichen Schlangenhäuptern
Sie hörte strömend
Mit mißmutiger Mühe,
Als Perseus das dritte gewann
Der Schwestern Teil,
Der meerumgebenen Seriphos
Und den Völkern ein Schicksal bringend
Wahrhaft, das göttliche
Das Phorkische auslöschte das Geschlecht,
Und trauriges Gastmahl dem Polydektes

Macht und der Mutter sicher
Die Knechtschaft und das notwendige Bett,
Der wohlwangigen Haupt raubend der Meduse,
Der Sohn der Danae, den von
Gold wir sagen selbstentströmten
Zu sein. Aber als aus
Diesen den lieben Mann den Mühen
Entrissen hatte die Jungfrau
Der Flöten stiftete allstimmigen Sang,
Daß er Eyryales
Von reißenden Kinnbacken
Nahend mit Waffen
Nachahmen sollte, das streittönende Klaglied.
Es erfand die Göttin; aber da sie erfunden hatte
Den sterblichen Männern zur Habe,
Nannte sie der vielen Häupter Gesetz
Das wohlberühmte, der volkerregten Angedenken der
        Kämpfe,

— — — — — — —

— — und mit Donaken,
Welche bei der schöneinstimmigen
Wohnen der Stadt der Charitinnen,
In der Kaphiside Tempel,
Treue der Chorsänger Zeugen.
Wenn aber ein Reichtum unter
Den Menschen, ohne Mühe
Erscheint er nicht. Es wird ihn aber
Vollenden wahrhaft morgen
Ein Dämon. Das schicksalbestimmte ist nicht

Zu fliehen. Aber es wird sein eine Zeit
Eine solche, welche, nachdem sie auch einen in Hoff-
               nungslosigkeit geworfen,
Wieder Rat zum Teile geben wird, zum Teile niemals.

DIE TRAUERSPIELE DES SOPHOKLES

DER PRINZESSIN AUGUSTE VON HOMBURG

Sie haben mich vor Jahren mit einer gütigen Zuschrift ermuntert, und ich bin Ihnen indessen das Wort schuldig geblieben. Jetzt hab ich, da ein Dichter bei uns auch sonst etwas zum Nötigen oder zum Angenehmen tun muß, dies Geschäft gewählt, weil es zwar in fremden, aber festen und historischen Gesetzen gebunden ist. Sonst will ich, wenn es die Zeit gibt, die Eltern unsrer Fürsten und ihre Sitze und die Engel des heiligen Vaterlands singen.

Hölderlin

ÖDIPUS DER TYRANN

PERSONEN DES DRAMA

Ödipus
Ein Priester
Kreon
Tiresias
Jokasta
Ein Bote
Ein Diener des Polybos
Ein anderer Bote
Chor von Thebanischen Alten

ERSTER AKT

Erste Szene

Ödipus Ein Priester

Ödipus
O ihr, des alten Kadmos Kinder, neu Geschlecht,
In welcher Stellung hier bestürmt ihr mich,
Ringsum gekränzt mit bittenden Gezweigen?
Auch ist die Stadt mit Opfern angefüllt,
Vom Päan und von seufzendem Gebet;
Das wollt ich nicht von andern Boten, Kinder,
Vernehmen, selber komm ich hieher, ich,
Mit Ruhm von allen Ödipus genannt.
Doch, Alter, rede! denn du bist geschickt,
Für die zu sprechen; welcher Weise, steht
In Furcht ihr oder leidet schon? Ich will

Für alles helfen. Fühllos wär ich ja,
Hätt ich vor solcher Stellung nicht Erbarmen.
Der Priester
O Herrscher meines Landes, Ödipus!
Du siehest uns, wie viele niederliegen
An deinem Altar, diese, weit noch nicht
Zu fliegen stark, die anderen, die Priester,
Von Alter schwer. Ich bin des Zeus! Aus Jünglingen
Erwählt sind die. Das andere Gezweig
Häuft sich bekränzt auf Plätzen, bei der Pallas
Zweifachem Tempel, und des Ismenos
Weissagender Asche. Denn die Stadt, die du siehst,
Sehr wankt sie schon, und heben kann das Haupt
Vom Abgrund sie nicht mehr und roter Welle.
Sie merkt den Tod in Bechern der fruchtbarn Erd,
In Herden und in ungeborener Geburt
Des Weibs; und Feuer bringt von innen
Der Gott der Pest und leert des Kadmos Haus;
Von Seufzern reich und Jammer wird die Hölle.
Nun acht ich zwar den Göttern dich nicht gleich,
Noch auch die Kinder hier, am Altar liegend,
Doch als den ersten in Begegnissen
Der Welt und auch in Einigkeit der Geister.
Du kamst und lösetest des Kadmos Stadt
Vom Zolle, welchen wir der Sängerin,
Der Grausamen, gebracht; und das von uns
Nichts weiter wissend, noch belehrt; durch Gottes Ruf,
Sagt man und denkt, du habst uns aufgerichtet.
Jetzt aber auch, o Haupt des Ödipus!
Stark über alle, flehen wir dich an,

Demütig, einen Schutz uns zu erfinden,
Habst du gehört von Göttern eine Stimme,
Habst dus von einem Manne, denn ich weiß,
Daß auch Verhängnisse sogar am meisten
Sich durch den Rat Erfahrener beleben.
Wohlan, der Menschen Bester! richte wieder auf
Die Stadt, wohlan sei klug! Es nennt das Land
Den Retter dich vom alten, wilden Sinne;
Zu wenig denkt man aber deiner Herrschaft,
Sind wir zurecht gestellt und fallen wieder.
Mit Festigkeit errichte diese Stadt!
Denn herrschest du im Lande, wie du Kraft hast,
Ist schöner es von Männern voll, als leer.
Denn nichts ist weder Turm noch Schiff allein,
Wenn Männer drinnen nicht zusammen wohnen.

Ödipus
O Kinder arm, bekanntes, unbekannt nicht,
Kommt ihr begehrend. Denn ich weiß es wohl,
All seid ihr krank, und so, daß euer keiner
Krank ist, wie ich. Denn euer Leiden kommt
Auf einen, der allein ist bei ihm selber;
Auf keinen andern nicht. Und meine Seele
Beklagt die Stadt zugleich und mich und dich,
Und nicht vom Schlafe weckt ihr schlafend mich;
Ihr wisset aber, daß ich viel geweint,
Viel Sorgenweg auf Irren bin gekommen.
Was aber wohl erforschend ich erfand,
Ich hab es ausgeführt, das eine Mittel.
Den Sohn Menökeus, Kreon, meinen Schwager,
Sandt ich zu Phöbos Häusern, zu den Pythischen,

Damit er schauen möge, was ich tun,
Was sagen soll, um diese Stadt zu retten.
Und schon macht Sorge mir, durchmessen von der Zeit,
Der Tag, was er wohl tut. Denn mehr, als schicklich,
Bleibt aus er über die gewohnte Zeit.
Doch wenn er kommt, dann wär ich böse, tät ich
Nicht alles, was uns offenbart der Gott.
Der Priester
Zum Schönen sprachest du, und eben sagen
Des Kreons Ankunft diese da mir an.
Ödipus
O König Apollon! trifft er nämlich hier ein,
Mag glänzend er mit Rettersauge kommen.
Der Priester
Er scheint jedoch vergnügt; er käme sonst nicht
So vollgekrönt vom Baum der Bäume, dem Lorbeer.

Zweite Szene
Ödipus Der Priester Kreon

Ödipus
Gleich wissen wirs. Nah ist er, daß man hört.
O König, meine Sorge, Sohn Menökeus,
Welch eine Stimme bringst du von dem Gotte?
Kreon
Die rechte. Denn ich sag, auch schlimmes, wenn
Es recht hinausgeht, überall ists glücklich.
Ödipus
Was für ein Wort ists aber? Weder kühn,
Noch auch vorsichtig macht mich diese Rede.

Kreon
Willst du es hören hier, wo die umherstehn?
Bereit bin ich, zu reden oder mitzugehn.

Ödipus
Vor allen sag es, denn für diese trag
Ich mehr die Last, als meiner Seele wegen.

Kreon
Mög ich denn sagen, was vom Gott ich hörte.
Geboten hat uns Phöbos klar, der König,
Man soll des Landes Schmach, auf diesem Grund ge-
                                  nährt,
Verfolgen, nicht Unheilbares ernähren.

Ödipus
Durch welche Reinigung? welch Unglück ists?

Kreon
Verbannen sollen oder Mord mit Mord
Ausrichten wir, solch Blut reg auf die Stadt.

Ödipus
Und welchem Mann bedeutet er dies Schicksal?

Kreon
Uns war, o König! Lajos vormals Herr
In diesem Land, eh du die Stadt gelenket.

Ödipus
Ich weiß es, habs gehört, nicht wohl gesehn.

Kreon
Da der gestorben, will er deutlich nun,
Daß man mit Händen strafe jene Mörder.

Ödipus
Doch wo zu Land sind die? wo findet man
Die zeichenlose Spur der alten Schuld?

Kreon
In diesem Lande, sagt er. Was gesuchet wird,
Das fängt man. Es entflieht, was übersehn wird.

Ödipus
Fällt in den Häusern oder draußen Lajos?
Fällt er in fremdem Land in diesem Morde?

Kreon
Gott anzuschauen, ging er aus, so hieß es,
Nicht kehrt' er in das Haus, wie er gesandt war.

Ödipus
Sahs nicht ein Bote oder ein Begleiter,
Von dem es einer hört' und forschete?

Kreon
Tot sind sie. Einer nur, der floh aus Furcht,
Wußt eins von dem zu sagen, was er wußte.

Ödipus
Und was? denn Eins gibt vieles, zu erfahren,
Wenn kleinen Anfang es empfängt von Hoffnung.

Kreon
Ihn hätten Räuber angefallen, sagt' er,
Nicht eine Kraft, zu töten, viele Hände.

Ödipus
Wie konnt er nun, wenn es um Silber nicht
Der Räuber tat, in solche Frechheit eingehn?

Kreon
Wohl, dennoch war, als Lajos umgekommen,
Nicht einer, der zu helfen kam im Übel.

Ödipus
Welch Übel hindert' es, da so die Herrschaft
Gefallen war, und wehrte nachzuforschen?

Kreon
Uns trieb die sängereiche Sphinx, da wirs gehört,
Das Dunkle, was zu lösen war, zu forschen.

Odipus
Von Anbeginn will aber ichs beleuchten.
Denn treffend hat Apollo, treffend du
Bestimmet diese Rache dem Gestorbnen;
Daß offenbar als Waffenbruder ihr
Auch mich sehn werdet, Rächer dieses Lands,
Des Gottes auch. Nicht fremder Lieben wegen,
Selbst, mir zu lieb, vertreib ich solchen Abscheu.
Denn welcher jene tötete, wohl möcht er
Auch mich ermorden mit derselben Hand.
Indem ich jenem diene, nütz ich mir.
Doch, Kinder, schnell steht von den Stufen auf,
Und nehmet hier die bittenden Gezweige.
Ein andrer sammle Kadmos Volk hieher.
Denn alles werd ich tun; entweder glücklich
Erscheinen mit dem Gott wir oder stürzen.

Die Priester
O Kinder! stehn wir auf. Denn darum kamen
Wir hieher auch, weswegen dies gesagt ward.

Und der gesandt die Prophezeiungen,
Als Retter komm und Arzt der Krankheit Phöbos
Sie gehen ab

Chor der Thebanischen Alten
O du von Zeus hold redendes Wort, was bist du für
eins wohl
Von der goldereichen Pytho
Zu der glänzenden gekommen, zu Thebe?
Weit bin ich gespannt im furchtsamen Sinne,
Von Ängsten taumelnd.
Klagender, delischer Päan,
Ringsum dich fürchtend,
Wirst du ein neues, oder, wiederkehrend
Nach rollenden Stunden, mir vollenden ein Ver-
hängnis?
Sags mir, der goldenen Kind,
Der Hoffnung, du, unsterbliche Sage!

Zuerst dich nennend komm ich,
Zeus Tochter, unsterbliche Athene,
Und des Erdumfassenden und
Die Schwester Artemis, die
Den kreisenden, der Agora Thron,
Den rühmlichen, besitzet,
Und den Phöbos fernhin treffend. Io! Io!
Ihr drei Todwehrenden! Erscheinet mir!
Wenn vormals auch, in vergangener Irre,
Die hergestürzt war über die Stadt,
Vertrieben ihr die Flamme des Übels,
So kommet auch jetzt, ihr Götter!

Unzählig nämlich trag ich Übel,
Und krank ist mir das ganze Volk.
Nicht einem blieb der Sorge Speer,
Von welchem einer beschützt wird. Nicht erwachsen
Die Sprossen des rühmlichen Lands,
Noch halten für die Geburt
Die kläglichen Mühen aus
Die Weiber. Einen aber über
Den andern kannst du sehn,
Wie wohlgeflügelte Vögel
Und stärker, denn unaufhaltsames Feuer,
Sich erheben zum Ufer des abendlichen
Gottes, wodurch zahllos die Stadt
Vergeht. Die armen aber, die Kinder,
Am Felde tödlich liegen
Sie unbetrauert. Aber drin die grauen
Fraun und die Mütter
Das Ufer des Altars, anderswoher
Andre, die grausamen Mühn
Abbüßend umseufzen,
Und der Päan glänzt und die seufzende Stimme
Mitwohnend.

Darum, o goldene
Tochter Zeus, gutblickende, sende
Stärke. Und den Ares, den reißenden, der
Jetzt, ohne den ehernen Schild
Mir brennend, der Verrufne, begegnet,
Das rückgängige Wesen treibe zurück
Vom Vaterlande, ohne Feuer, entweder ins große

Bett Amphitrites oder
In den unwirtlichen Hafen,
In die thrazische Welle.
Am Ende nämlich, wenn die Nacht gehet,
Herein ein solcher Tag kommt.
Ihn dann, o du, der richtet von zündenden Wetterstrahlen
Die Kräfte, Jupiter! Vater! unter deinem
Verderb ihn, unter dem Blitz!
Lyzischer König, die deinen auch, vom heiligfalschen
Bogen möcht ich die Pfeile,
Die ungebundensten, austeilen,
Wie Gesellen, zugeordnet!
Und den zündenden, ihn, der Artemis Schein,
Womit sie springt durch lyzische Berge!
Auch ihn nenn ich, benannt nach diesem Lande,
Den berauschten Bacchus, den Evier,
Mit Mänaden vereinsamt; dieser komme,
Mit der glänzend scheinenden Fackel brennend,
Auf ihn, der ehrlos ist vor Göttern, den Gott!

ZWEITER AKT
Erste Szene
Ödipus Chor

Ödipus
Du bittest, wie du bittest, willst von mir du
Zum Ohr die Worte nehmen und der Krankheit weichen.
Kraft sollst du haben und Erleichterung
Des Übels. Forschen will ich, bin ich gleich
Fremd in der Sache, fremder noch im Vorgang.

Nicht wohl hätt ich geforscht, hätt ich kein Zeichen.
Nun aber komm, ein später Bürger, ich
Den Bürgern, ruf euch, allen Kadmiern,
Wer unter euch den Sohn des Labdakos,
Lajos, gekannt, durch wen er umgekommen,
Dem sag ich, daß ers all anzeige mir,
Und wenn die Klag er fürchtet, gibt ers selbst an,
So wird unsanft er anders nicht erleiden.
Vom Lande geht er unbeschädiget.
Wenn aber einen andern einer weiß,
Von andrem Land, er schweige nicht den Täter;
Denn den Gewinn vollbring ich, und der Dank
Wird auch dabei sein; wenn ihr aber schweigt,
Und fürchtend für den Lieben oder sich
Es einer wegschiebt, was ich darin tue,
Das hört von mir. Um dieses Mannes willen
Fluch ich (wer er auch sei im Lande hier,
Von dem die Kraft und Thronen ich verwalte),
Nicht laden soll man, noch ansprechen ihn,
Zu göttlichen Gelübden nicht und nicht
Ihn nehmen zu den Opfern, noch die Hände waschen,
Soll überall vom Haus ihn treiben, denn es ist
Ein Schandfleck solcher uns. Es zeiget dies
Der Götterspruch, der Pythische, mir deutlich.
So bin ich nun mit diesem Dämon und
Dem toten Mann ein Waffenbruder worden.
Ich wünsche, ders getan, seis einer nur
Verborgen, seis mit mehreren, er soll
Abnützen schlimm ein schlimm unschicklich Leben;
Wünsch auch, wenn der von meinem eignen Haus

Ein Tischgenoß ist, und ich weiß darum,
Zu leiden, was ich diesem hier geflucht.
Doch euch befehl ich dieses all zu tun
Von meinet- und des Gotts und Landes wegen,
Das fruchtlos so und götterlos vergehet.
Nicht, wär auch nicht von Gott bestimmt die Rache,
Wär billig es, so unrein euch zu lassen,
Da umgekommen ist der beste Mann, der Fürst,
Hingegen zu erforschen. Aber jetzt hab ich
Erlangt die Herrschaft, die zuvor er hatt,
Erlangt das Bett und das gemeinsame
Gemahl und Kinder auch, wenn das Geschlecht
Ihm nicht verunglückt wäre, wären uns
Gemein; doch traf das Schicksal jenes Haupt.
Für das, als wärs mein Vater, will ich streiten,
Auf alles kommen, greif ich einst den Mörder,
Zu Lieb des Labdakos und Polydoros Sohn
Und alten Kadmos, der vormals regiert'.
Und die dies nicht tun, über diese bet ich
Zu Göttern, daß sie nicht ein Land, zu pflügen,
Noch Kinder ihnen gönnen von den Weibern,
Daß sie vergehn durch solch Geschick und schlimmers.
Doch uns, den andern Kadmiern, denen dies
Gefället, die im Falle Waffenbrüder,
Allzeit sein wohl mit euch die Götter alle.
Chor
Da du im Fluche mich anfassest, König, red
Ich so: nicht mordet ich, nein! nicht kann ich
Den Mörder zeigen. Sucht man aber nach,
Muß Phöbos Botschaft sagen, wers getan hat.

Ödipus
Recht sprachest du. Doch nötigen die Götter,
Wo sie nicht wollen, kann nicht ein Mann, auch nicht
Einer.
Chor
Das zweite möcht ich sagen, das mir dünkt.
Ödipus
Ein drittes auch, versäums nicht, daß du schwiegest.
Chor
Am meisten weiß hierin vom König Phöbos
Tiresias, der König, wenn den einer fragt',
Am deutlichsten, o König! könnt ers hören.
Ödipus
Nicht hab ich dies, wie Träge, dies auch nicht
Versucht. Ich sandt, auf Kreons Rat, zwei Boten,
Und lang schon wundert man sich, daß er ausbleibt.
Chor
Auch sind die andern längst umsonst die Worte.
Ödipus
Wie sind sie dies? denn alle Worte späh ich.
Chor
Man sagt, er sei von Wanderern getötet.
Ödipus
Ich hört es auch, doch den sieht niemand, ders gesehn.
Chor
Doch wenn von Furcht er mit sich einen Teil hat,
Und deinen hört, er hält nicht solchen Fluch aus.

Ödipus
Der, wenn ers tut, nicht Scheu hat, scheut das Wort nicht.
Chor
Doch einer ist, der prüft ihn. Diese bringen
Den göttlichen, den Seher schon daher,
Der Wahrheit inne hat allein von Menschen.

    Zweite Szene
   Ödipus Chor Tiresias
Ödipus
O der du alles bedenkst, Tiresias!
Gesagtes, Ungesagtes, Himmlisches und was
Auf Erden wandelt. Siehst du auch die Stadt nicht,
So weißt du doch, in welcher Krankheit sie
Begriffen ist. Von ihr als ersten Retter,
O König, finden wir allein dich aus.
Denn Phöbos, wenn du gleich nicht hörst die Boten,
Entgegnete die Botschaft unsrer Botschaft,
Es komm allein von dieser Krankheit Rettung,
Wenn wir die Mörder Lajos, wohl erforschend,
Umbrächten oder landesflüchtig machten.
Du aber neide nun die Sage nicht von Vögeln,
Zu lösen dich, die Stadt, auch mich zu lösen,
Zu lösen auch die ganze Schmach des Toten.
Dein nämlich sind wir. Und daß nütz ein Mann,
So viel er hat und kann, ist schönste Mühe.
Tiresias
Ach! ach! wie schwer ist Wissen, wo es unnütz
Dem Wissenden. Denn weil ich wohl es weiß,
Bin ich verloren; nicht wär ich gekommen!

Ödipus
Was ists, daß du so mutlos aufgetreten?

Tiresias
Laß mich nach Haus. Am besten wirst du deines,
Ich meines treiben, bist du mir gefolgt.

Ödipus
Nicht recht hast du geredt, noch Liebes für die Stadt,
Die dich genährt, entziehend diese Sage.

Tiresias
Ich sehe nämlich zu, wie dir auch, was du sagst,
Nicht recht geht, um nicht Gleiches zu erfahren.

Chor
Bei Göttern nicht! seis mit Bedacht auch! kehre
Nicht um! denn all knien flehend wir vor dir.

Tiresias
Denn alle seid ihr sinnlos. Aber daß ich nicht
Das meine sage! nicht dein Übel künde!

Ödipus
Was sagst du? sprichst du nicht, wenn du es weißt,
Willst du verraten uns, die Stadt verderben?

Tiresias
Ich sorg um mich, nicht dich; du kannst im Grund
Nicht tadeln dies. Du folgtest mir ja doch nicht!

Ödipus
Sprichst du, der Schlimmen Schlimmster (denn du bist
Nach Felsenart gemacht), einmal heraus?
Erscheinst so farblos du, so unerbittlich?

Tiresias
Den Zorn hast du getadelt mir. Den deinen,
Der beiwohnt, siehst du nicht, mich aber schiltst du.
Ödipus
Wer sollte denn nicht solchem Worte zürnen,
Mit welchem du entehrest diese Stadt?
Tiresias
Es kommet doch, geh ich auch weg mit Schweigen.
Ödipus
Mit nichten kommt es! sagen mußt dus mir!
Tiresias
Nicht weiter red ich. Zürne, wenn du willst,
Darob mit Zorn, der nur am wildsten ist.
Ödipus
O ja! ich werde nichts, wie auch der Zorn sein mag,
Weglassen, was ich weiß. Verdächtig bist du mir,
Mit angelegt das Werk zu haben und gewirkt,
Nur nicht mit Händen mordend; wärst du sehend,
Das Werk auch, sagt ich, sei von dir allein.
Tiresias
In Wahrheit! Ich bestätig es, du bleibst
Im Tone, wo du anfingst, redest noch
Auf diesen Tag zu diesen nicht, zu mir nicht,
Du sprichst mit dem, der unsrem Land ein Fleck ist.
Ödipus
So schamlos wirfst du dieses Wort heraus?
Und glaubest wohl, nun wieder dich zu sichern?
Tiresias
Gesichert bin ich, nähr ein Kräftigwahres.

Ödipus
Von wem belehrt? denn nicht aus deiner Kunst ists.
Tiresias
Von dir. Du zwangst mich wider Willen zu reden.
Ödipus
Und welch Wort? wiederhols, daß ich es besser weiß.
Tiresias
Weißt dus nicht längst? und reden zu Versuch wir?
Ödipus
Nichts, was man längst weiß; wiederhols!
Tiresias
Des Manns Mord, den du suchst, ich sag, auf dich da
                                                fällt er.
Ödipus
Mit Lust jedoch nicht, zweifach mißlich sprichst du.
Tiresias
Sag ich noch anders nun, damit du mehr zürnst?
Ödipus
Wieviel du willst! vergebens wirds gesagt sein!
Tiresias
Ganz schändlich, sag ich, lebst du mit den Liebsten
Geheim, weißt nicht, woran du bist im Unglück.
Ödipus
Glaubst du allzeit frohlockend dies zu sagen?
Tiresias
Wenn irgend etwas nur der Wahrheit Macht gilt.
Ödipus
Sie gilt, bei dir nicht, dir gehört dies nicht,
Blind bist an Ohren du, an Mut und Augen.

Tiresias
Elend bist aber du, du schiltst, da keiner,
Der bald nicht so wird schelten gegen dich.

Ödipus
Der letzten Nacht genährt bist du, mich nimmer,
Nicht einen andern siehst du, der das Licht sieht.

Tiresias
Vor dir zu fallen, ist mein Schicksal nicht,
Apollo bürgt, der dies zu enden denket.

Ödipus
Sind Kreons oder sind von dir die Worte?

Tiresias
Kreon ist dir kein Schade, sondern du bists.

Ödipus
O Reichtum, Herrschaft, Kunst, die Kunst
Im eiferreichen Leben übertreffend!
Wie groß ist nicht der Neid, den ihr bewachet!
Wenn dieser Herrschaft wegen, die die Stadt mir
Gegeben, ungefordert anvertraut hat,
Kreon von der, der treue, lieb von je,
Geheim anfallend mich zu treiben strebet?
Bestellend diesen listgen Zauberer,
Den trügerischen, bettelhaften, der Gewinn
Nur ansieht, aber blind an Kunst geboren.
Denn siehe, sag, ob du ein Seher weise bist?
Was sangst du nicht, als hier die Sängerin war,
Die hündische, ein Löselied den Bürgern?
Obgleich das Rätsel nicht für jeden Mann
Zu lösen war und Seherkunst bedurfte,

Die weder du von Vögeln als Geschenk
Herabgebracht, noch von der Götter einem.
Doch ich, der ungelehrte Ödipus,
Da ich dazu gekommen, schweigte sie,
Mit dem Verstand es treffend, nicht gelehrt
Von Vögeln. Auszustoßen denkst du
Den, meinest nah an Kreons Thron zu kommen.
Mit Tränen wirst du, wie mir dünkt, und ders
Zusammenspann, es büßen. Wärst du alt nicht,
Du würdest leidend fühlen, wie du denkst.

Chor
Es scheinen uns zugleich von dem die Worte
Im Zorn gesagt und deine, Ödipus.
Doch dies bedarfs nicht, wie des Gottes Spruch
Am besten sei zu lösen, ist zu sehn.

Tiresias
Bist du noch eigenmächtig, muß ein Gleiches
Ich dir erwidern. Hierin hab ich auch Macht.
Nicht dir leb ich ein Knecht, dem Loxias,
Nicht unter Kreon werd ich eingeschrieben.
Ich sage aber, da mich Blinden du auch schaltst,
Gesehen hast auch du, siehst nicht, woran du bist
Im Übel, wo du wohnst, womit du hausest.
Weißt du, woher du bist? du bist geheim
Verhaßt den Deinen, die hier unten sind,
Und oben auf der Erd, und ringsum treffend
Vertreibet von der Mutter und vom Vater
Dich aus dem Land der Fluch gewaltig wandelnd,
Jetzt sehend wohl, hernach in Finsternis;

Und deines Geschreies, welcher Hafen wird
Nicht voll sein, welcher Kithäron nicht mitrufen bald?
Fühlst du die Hochzeit, wie du landetest
Auf guter Schiffahrt an der Uferlosen?
Der andern Übel Menge fühlst du auch nicht,
Die dich zugleich und deine Kinder treffen.
Nun schimpfe noch auf Kreon und auch mir
Ins Angesicht; denn schlimmer ist als du
Kein Sterblicher, der jemals wird gezeugt sein.

Ödipus
Ist wohl von dem zu hören dies erduldbar?
Gehst du zu Grund nicht plötzlich? wendest nicht
Den Rücken hier dem Haus und kehrst und gehest?

Tiresias
Nicht wär ich hergekommen, riefst du nicht.

Ödipus
Wohl wußt ich nicht, du würdest Tolles reden,
Sonst hätt ich nicht dich her ins Haus geholt.

Tiresias
Wir sind also geboren, wie du meinst,
Toll; Eines Sinns, den Eltern, die dich zeugten.

Ödipus
Und welchen? Bleib! wer zeugt mich unter Menschen?

Tiresias
Der Tag, der! wird dich zeugen und verderben.

Ödipus
Wie sagst du alles rätselhaft und dunkel!

Tiresias
Dennoch glückt dir nicht sehr, derlei zu lösen.

Ödipus
Schilt das, worin du wirst mich groß erfinden.
Tiresias
Es hat dich freilich dies Geschick verderbt.
Ödipus
Doch rettet ich die Stadt, so acht ichs nicht.
Tiresias
Ich geh also. Du Knabe führe mich!
Ödipus
Er mag dich führen; wenn du so dabei bist,
Du möchtest vollends noch das Elend häufen.
Tiresias
Ich habs gesagt, ich geh, um des, warum ich kam,
Dein Angesicht nicht fürchtend. Nichts ist, wo du mich
Verderbest; sage aber dir, der Mann, den längst
Du suchest, drohend und verkündigend den Mord
Des Lajos, der ist hier; als Fremder, nach der Rede,
Wohnt er mit uns, doch bald als Eingeborner
Kund wird er als Thebaner sein, und nicht
Sich freun am Unfall. Blind aus Sehendem,
Und arm statt reich, wird er in fremdes Land
Vordeutend mit dem Zepter wandern müssen.
Kund wird er aber sein, bei seinen Kindern wohnend
Als Bruder und als Vater, und vom Weib, das ihn
Gebar, Sohn und Gemahl, in einem Bette mit
Dem Vater und sein Mörder; geh hinein! bedenks!
Und findest du als Lügner mich, so sage,
Daß ich die Seherkunst jetzt sinnlos treibe.
Sie gehen ab

Chor der Thebanischen Alten
Wer ists, von welchem prophezeiend
Gesprochen hat der delphische Fels,
Als hab Unsäglichstes
Vollendet er mit blutigen Händen?
Es kommet die Stunde, da kräftiger er,
Denn sturmgleich wandelnde Rosse, muß
Zu der Flucht die Füße bewegen.
Denn gewaffnet auf ihn stürzt
Mit Feuer und Wetterstrahl
Zeus Sohn, und gewaltig kommen zugleich
Die unerbittlichen Parzen.

Geglänzt hat nämlich vom
Schneeweißen, eben erschienen
Ist von Parnassos die Sage,
Der verborgene Mann sei überall zu erforschen.
Denn er irret unter wildem Wald
In Höhlen und Felsen, dem Stier gleich,
Der Unglückliche mit Unglücksfüßen verwaist,
Die Prophezeiungen flieht er,
Die, aus der Mitte der Erd,
Allzeit lebendig fliegen umher.

Gewaltiges regt, Gewaltiges auf
Der weise Vogeldeuter,
Das weder klar ist, noch sich leugnet;
Und was ich sagen soll, ich weiß nicht,
Flieg aber in Hoffnungen auf,
Nicht hieher schauend, noch rückwärts.

Denn was ein Streit ist zwischen
Den Labdakiden und Polybos Sohn,
Nicht vormals hab ichs
Gewußt, noch weiß ich jetzt auch,
In welcher Prüfung
Ich begegne
Der fremden Sage von Ödipus,
Den Labdakiden ein Helfer
Im verborgenen Tode?

Zeus aber und Apollon
Sind weis und kennen die Sterblichen.
Daß aber unter Männern
Ein Seher mehr ist geachtet, denn ich,
Ist nicht ein wahres Urteil.
Mit Weisheit die Weisheit
Erwidre der Mann.
Nicht möcht ich aber jemals, eh ich säh
Ein gerades Wort, mich unter
Den Tadelnden zeigen. Denn offenbar
Kam über ihn die geflügelte Jungfrau,
Vormals, und weise erschien sie,
In der Prüfung aber freundlich der Stadt. Darum
Nach meinem Sinne niemals
Wird er es büßen, das Schlimme.

DRITTER AKT
Erste Szene
Kreon Chor

Kreon
Ihr Männer! Bürger! harte Wort erfahr ich,
Daß mich beschuldigt Ödipus, der Herr.
Deswegen komm ich, leidend. Wenn er nämlich denkt,
Daß er von mir in diesem Fall erfahren
Mit Worten oder Werken Schädliches,
Hab ich am weitern Leben keine Freude,
Wenn ich die Schmach erdulde. Nämlich einfach
Trifft nicht von diesem Worte mich die Strafe,
Aufs höchste, bin ich schlimm in dieser Stadt,
Schlimm gegen dich geheißen und die Lieben.

Chor
Doch ist gekommen dieser Schimpf, vielleicht
Aus Zorn erzwungen mehr, als Rat der Sinne.

Kreon
Woraus erwies es sich, daß meinem Rat
Der Seher folgend Lügenworte spreche?

Chor
Man sagts. Ich weiß es nicht, in welcher Stimmung.

Kreon
Ist aus geraden Augen, rechten Sinnen
Verkündet worden über mich die Klage?

Chor
Ich weiß es nicht. Was Große tun, ich seh
Es nicht. Doch selber kommt er aus dem Hause.

Zweite Szene
Ödipus Kreon Chor

Ödipus

Du! der! wie kommst du her? hast du so frech
Ein Angesicht, daß in mein Haus du kommst,
Der Mörder unser eines offenbar,
Und Räuber, wie es klar ist, meiner Herrschaft?
Geh, sage bei den Göttern, hast du Feigheit
An mir gesehen oder Narrheit, daß du dies
Zu tun gedacht, und daß ich dies dein Werk
Im Truge schleichend nicht erkennte, nicht
Abwehrte, wenn ich es erkannt? dein Unternehmen,
Ists dumm nicht, ohne Volk und Freunde nach dem
                                    Thron
Zu jagen, der durch Volk erobert wird und Geld?

Kreon

Weißt du, was du beginnst? vernimm ein Gleiches
Für dein Wort, richte, wenn du es erkannt!

Ödipus

Im Reden bist du stark, ich schlimm, wenn ich von dir
Muß lernen. Falschgesinnt und schwierig find ich dich.

Kreon

Darüber eben hör erst, was ich sage.

Ödipus

Das eben sage nicht, du seist nicht böse.

Kreon

Wenn du gedenkst, ein Gut sei ohne Mut
Der Eigensinn, so denkest du nicht richtig.

Ödipus
Wenn du gedenkst, man könne den Verwandten
Mißhandeln, ungestraft, so denkst du gut nicht.

Kreon
Ich stimme bei, daß dieses recht gesagt ist,
Doch sage mir das Leiden, das du leidest.

Ödipus
Hast du geraten oder nicht, daß Not sei,
Zum heilgen Seher einen Mann zu schicken?

Kreon
Auch jetzt noch bin ich gleich in der Gesinnung.

Ödipus
Wie lange Zeit nun ist es schon, daß Lajos —

Kreon
Getan was für ein Werk? ich weiß es nicht.

Ödipus
Unsichtbar ward er durch ein tödlich Übel.

Kreon
Weit ist und lang gemessen schon die Zeit.

Ödipus
War damals schon der Seher in der Kunst?

Kreon
Zugleich auch weis und billig wohl geachtet.

Ödipus
Gedacht er meiner wohl in jener Zeit?

Kreon
Nicht, daß ich jemals nah dabei gestanden.

Ödipus
Doch habt ihr nicht dem Toten nachgeforscht?
Kreon
Wir haben es, wie nicht? und nichts gehört.
Ödipus
Warum sprach damals nicht, wie jetzt, der Weise?
Kreon
Ich weiß es nicht. Versteh ichs nicht, so schweig ich.
Ödipus
So vieles weißt du. Sag es gutgesinnt!
Kreon
Was wohl? Weiß ich es, leugn ich nicht.
Ödipus
Das, daß er, hätt er nicht mit dir gehalten,
Nicht ausgesagt von mir des Lajos Mord.
Kreon
Ob er das aussagt, weißt du selbst. Ich aber
Will hören das von dir, was du von mir willst.
Ödipus
Hör es, denn nicht, als Mörder, werd ich troffen.
Kreon
Was denn? bist du vermählt mit meiner Schwester?
Ödipus
Nicht ist zu leugnen das, was du gesagt.
Kreon
Du herrschest so, wie sie, des Bodens waltend.
Ödipus
Was sie begehrt, wird all von mir besorgt.

Kreon
Bin ich der dritte nicht gesellt euch zweien?

Ödipus
Hierin erscheinst du nun ein arger Freund.

Kreon
Nicht, magst du Rechenschaft, wie ich, dir geben.
Betrachte aber allererst dies, ob du glaubst,
Daß einer lieber Herrschaft wünscht', in Furcht,
Als sanft zu schlafen, wenn er gleiche Macht hat.
Ich bin nun nicht gemacht, daß mehr ich wünscht
Ein Herr zu sein, als herrliches zu tun,
Und jeder so, der sich zu zähmen weiß.
Jetzt hab ich alles ohne Furcht von dir,
Regiert ich selbst, viel müßt ich ungern tun.
Wie sollte nun die Herrschaft lieblicher
Als Ehre kummerlos und Macht mir sein?
Noch nicht so töricht bin ich, zu verlangen
Ein anderes, als Schönes mit Gewinn.
Nun freut mich alles, nun begrüßt mich jedes,
Nun rufen die mich an, die dein bedürfen.
Denn darin liegts, daß ihnen alles glückt.
Wie sollt ich lassen dies, nach jenem greifen?
Schlimm nicht wird ein Gemüt sein, welches schön denkt.
Nun bin ich nicht von solchem Sinn, und nie,
Tät es ein andrer, wagt ich es mit ihm.
Nimm deinen Vorwurf, geh damit nach Pytho,
Frag, ob den Spruch ich deutlich dir verkündet.
Und findst du, daß ich mit dem Zeichendeuter
Zusammenpflog, auf Ein Wort sollst du nicht,

Zweifach verdammt von dir und mir, mich töten.
Verklage nur aus dunkler Meinung mich nicht!
Denn nicht ists recht, die Schlimmen eitler Weise
Für trefflich halten, Treffliche für schlimm.
Denn, wenn ein Edler einen Freund verwirft,
Ist mir, als wärs am eignen liebsten Leben.
Doch mit der Zeit erfährst du dieses sicher.
Es zeigt die Zeit den rechten Mann allein.
An einem Tage kennest du den schlimmen.

Chor
Schön sprach er, daß daraus ein Glück mag kommen,
Denn schnell zu denken, König! ist nicht sicher.

Ödipus
Will einer schnell, der Schlingen legt, entwischen,
Muß ich auch schnell mir raten, meinerseits.
Bin ich bequem, und warte sein, so bringt
Er seins hinaus, und meines ist verfehlet.

Kreon
Was willst du denn, als mich vom Lande treiben?

Ödipus
Nein! sterben sollst du, oder fliehn, das will ich.

Kreon
Wenn du mir zeigest, was es um den Neid ist.

Ödipus
Sprichst du nachgiebig mir und gläubig nicht?

Kreon
Säh ich Besinnung! —

Ödipus
Meine Sache nun! —

Kreon
Auch meine heißt sie.

Ödipus
Ja! wenn du nicht schlimm wärst!

Kreon
Wenn aber du nicht weißt!

Ödipus
Man muß doch herrschen.

Kreon
Ja! aber nicht die schlimmen Herrn.

Ödipus
O Stadt! Stadt!

Kreon
Auch mich geht an die Stadt, nicht dich allein.

Chor
Hört auf, ihr Herrn! Die Frau seh ich zu euch
Hier aus dem Hause kommen, Jokasta,
Mit dieser ist der Streit hier auszurichten.

Dritte Szene
Jokasta Ödipus Kreon Chor

Jokasta
Warum habt ihr ratlosen Zungenkrieg
Erregt, ihr Armen! schämt euch nicht, da so
Erkrankt das Land, zu wecken eigen Unheil?
Gehst in die Burg, und Kreon du ins Haus nicht,
Damit ihr kleine Last nicht macht zu großer?

Kreon
O Schwester! viel denkt Ödipus, dein Mann,
Mir anzutun, und wählet zwei der Übel.
Vom Land mich treiben will er oder töten.

Ödipus
Das sag ich auch. Schlimm handelnd fand, o Weib!
An meinem Leib ich ihn mit schlimmen Künsten.

Kreon
Nicht möcht ich Vorteil ziehen jetzt, doch soll ich
Verflucht vergehen, tat ich, wes du mich
Beschuldigest, daß ich getan es habe.

Jokasta
O bei den Göttern! glaub es, Ödipus!
Und ehre hoch der Götter Eid vor allen,
Auch mich und diese, die zugegen sind.

Chor
Vertraue, woll es, denk es,
Ich bitte, König!

Ödipus
Wie willst du, daß ich weiche dir?

Chor
Den, der nie vormals töricht war,
Und nun im Eide groß,
Ehr ihn!

Ödipus
Weißt du, was du verlangst?

Chor
Ich weiß es.

Ödipus
Sag was du meinst!

Chor
Du sollst den Heiliglieben
Niemals in Schuld
Mit ungewissem Wort
Ehrlos vertreiben.

Ödipus
Wiß einmal, wenn du dieses suchest, suchst
Du mein Verderben oder Landesflucht.

Chor
Das nicht! bei aller Götter
Vorläufer Helios!
Denn gottlos, freundlos
Im äußersten will ich untergehn,
Wenn solchen Gedanken ich habe.
Mir unglücklichen aber ermattet
Vom welkenden Lande die Seele,
Wenn die auch kommen, zu Übeln die Übel,
Zu den alten die neuen.

Ödipus
So mag er gehn, muß ich durchaus gleich sterben,
Ehrlos verbannt vom Lande mit Gewalt.
Von dir, von diesem nicht erbarmet mich
Der Jammermund. Der sei durchaus mir Abscheu!

Kreon
Feig bist du, wenn du traurig weichst, und wenn du
Schwer über deinen Mut springst. Solche Seelen
Unwillig tragen sie mit Recht sich selbst.

Ödipus
Läßt du mich nicht und gehst hinaus?

Kreon
Ich gehe,
Von dir mißkannt, doch gleichgesinnt mit diesen.
Kreon geht ab
Chor
Weib! willst du diesen
Ins Haus hinein nicht bringen?

Jokasta
Weiß ich erst, was es ist.

Chor
Ein Schein ist unbekannt in die Worte
Gekommen, aber es sticht
Auch ungerechtes.

Jokasta
Von ihnen beiden?

Chor
Gewiß.

Jokasta
Und welches war das Wort?

Chor
Da mir genug, genug das Land schon müd ist,
So dürft es wohl so bleiben, wie es steht.

Ödipus
Sieh, wo du hinkommst, mit der guten Meinung,
Wenn du das meine lässest und das Herz umkehrst.

Chor
Ich hab es gesagt, o König!
Nicht einmal nur; du weißt es aber,
Gedankenlos, ausschweifend
Im Weisen, erschien ich,
Wenn ich von dir mich trennte.
Du! der mein Land, das liebe,
In Mühe umirrend,
Recht hat geführt mit günstigem Winde,
Auch jetzt noch fahre glücklich, wenn du kannst.
Jokasta
Bei Göttern! sage mir es auch, o König!
Weshalb du solchen Zorn hast angestiftet.
Ödipus
Ich sag es, denn ich ehre dich am meisten
Von diesen hier, was Kreon mir bereitet.
Jokasta
Sags, wenn du deutlich Klage führst im Streit.
Ödipus
Der Mörder Lajos sei ich, sagen sie.
Jokasta
Weißt du es selbst, erfuhrest dus von andern?
Ödipus
Den Seher sand er her, den Unheilstifter,
Weil er, so viel er kann, die Zungen alle löst.
Jokasta
Laß du das deine nun, wovon du sprichst,
Gehorche mir, und lerne das: es gibt
Nichts Sterbliches, das Seherkunst besäße.

Ich zeige dir von dem ein treffend Zeichen.
Ein Spruch kam Lajos einst, ich will nicht sagen,
Von Phöbos selbst, doch von des Gottes Dienern,
Daß sein das Schicksal warte, von dem Sohne
Zu sterben, der von jenem käm und mir.
Es töteten doch aber ihn, so spricht die Sage,
Einst fremde Mörder auf dreifachem Heerweg.
Jedoch als ihm geboren war das Kind,
Es standen nicht drei Tag an, band er ihm
Der Füße Glieder und, mit fremden Händen,
Warf ers ins unzugangbare Gebirg.
Und nicht erfüllte dort Apollon, daß er sei
Des Vaters Mörder, daß, der das Gewaltige
Gefürchtet, von dem Sohne Lajos sterbe.
So haben sich erklärt der Seher Sagen.
Und kehre dran dich nicht! denn, was ein Gott
Notwendig sieht, leicht offenbart er selbst es.

Ödipus
Wie fasset, da ich eben höre, Weib!
Verwirrung mir die Seel, Aufruhr die Sinne.

Jokasta
Von welcher Sorge sagst du dies empört?

Ödipus
Mir scheint von dir gehört zu haben, Lajos
Sei umgekommen auf dreifachem Heerweg.

Jokasta
Man sagte das, noch ist es nicht geendet.

Ödipus
Wo ist der Ort, da sich dies Schicksal zutrug?

Jokasta
Phocis nennt man das Land. Ein Scheideweg
Von Delphi führt und Daulia hieherzu.

Ödipus
Und welche Zeit ist über dies gegangen?

Jokasta
Beinahe vorher, eh du von dem Lande
Die Herrschaft nahmst, ward es der Stadt verkündet.

Ödipus
O Zeus! was willst du, daß von mir geschehe?

Jokasta
Wie ist dir dies, o Ödipus, im Sinne?

Ödipus
Frag mich nicht, doch von Lajos sage nur,
Wie war der Mann, auf welches Alters Höhe?

Jokasta
Groß, wollig schon um sein weißblühend Haupt,
Und der Gestalt von dir war er nicht ungleich.

Ödipus
Ich Armer! Wohl hab ich, da ich in Flüche
Gewaltig ausbrach eben, nichts gewußt!

Jokasta
Was sagst? mich ängstets, seh ich so dich, König!

Ödipus
Gewaltig fürcht ich, daß nicht sehend sei der Seher,
Du wirst es mir aufklären, sagst du eins noch.

Jokasta
Mich ängstets. Fragst du doch, so sag ich, was ich weiß.

Ödipus
Ging er allein aus, oder hatt er viele
Streitbare Männer, wies bei Oberherrn ist?

Jokasta
Fünf waren all. Ein Herold war mit ihnen,
Ein Maultierwagen führte Lajos nur.

Ödipus
Weh! Weh! nun ist es offenbar. Wer war
Es einst, der angesagt die Worte hat, o Weib!

Jokasta
Ein Diener, der entflohen war allein.

Ödipus
Ist in den Häusern er auch jetzt noch da?

Jokasta
Nein! nicht! seit dort er herkam und erfuhr,
Du habst die Macht, und Lajos sei getötet,
Bat er mich sehr, die Hände mir berührend,
Aufs Land zu senden ihn, zu Schafeweiden,
Wo er der Stadt vom Angesicht am meisten.
Auch sandt ich ihn, denn wert war dieser Mann,
Der Knecht, zu haben größre Gnad, als diese.

Ödipus
Wie käm er nun zu uns geschwind zurück?

Jokasta
Er ist zugegen, warum willst du dies?

Ödipus
Ich fürchte vor mir selbst mich, Weib, daß ich
Zu viel gesagt, warum ihn sehn ich will.

Jokasta
Er kommet, doch zu hören würdig bin
Auch ich wohl, was dir schlimmes ist, o König!
Ödipus
Erniedrige dich nur jetzt allzusehr nicht
Drob, wie ich bin; auch größeren, als du bist,
Sagt ich, wie mir solch ein Los zugeteilt ist.
Mein Vater Polybos war von Korinth,
Die Mutter Merope von Doris. Dort
Ward ich geschätzt der größte von den Städtern,
Eh dies Geschick kam über mich, und wert
Zu wundern ists, doch meines Eifers nicht.
Ein Mann beim Mahle voll von Trunkenheit
Sagt mir beim Wein, ich sei unecht dem Vater,
Und ich, erzürnt, den gegenwärtigen Tag
Kaum aushielt; doch am andern ging ich hin,
Zur Mutter und zum Vater, fragte drüber.
Unwillig trugen die den Schimpf von dem,
Dem dieses Wort entgangen. Das erfreute
An ihnen mich. Doch stach mich dieses immer
Denn vieles war dahinter. Und geheim
Vor Vater und vor Mutter reis ich weg
Nach Pytho. Mir verachtet Phöbos das,
Warum ich kam, und schickt mich weg, und anders
Mühsame, Große, Unglückliche zeigt
Er mir und sagt, ich müßte mit der Mutter
Vermischet sein, und, Menschen unerträglich
Zu schauen, ein Geschlecht erzeugen, auch der Mörder
Des Vaters sein, der mich gepflanzet hätte.
Da ichs gehört, durchmessend unter Sternen

Zuletzt den Boden von Korinth, entfloh ich,
Damit ich nie daselbst von meiner bösen
Orakelfrage schauete die Schande.
Gewandert aber komm ich in die Gegend,
Wo umgebracht der Herr ist, wie du sagst.
Auch dir, o Weib! und Wahres sag ich, daß
Ich nahe wandelt auf dem Dreiweg, wo
Der Herold und auf einem Füllenwagen
Ein Mann herfahrend, wie du mir berichtet, mir
Begegneten, und aus dem Wege mich
Der Führer und der Alte mit Gewalt trieb.
Ich schlage, wie heran er lenkt, den Fuhrmann
Im Zorn, und wie mich stehen an dem Wagen
Der Alte siehet, zielt' er mitten mir
Aufs Haupt und schlug mich mit dem Doppelstachel.
Ungleich hat ers gebüßt. Denn schnell getroffen
Vom Stabe dieser Hände, rücklings wird
Heraus vom Wagen plötzlich er gewälzt.
Ich tötet alle. Wenn der Fremde aber
Mit Lajos jener irgend was gemein hat,
Wer ist unseliger, als unser einer?
Und welcher Mann den Geistern mehr verhaßt?
Den in der Fremde keiner und kein Städter darf
Einladen in das Haus, ansprechen keiner,
Den man vom Hause treiben muß? und diesen Fluch
Hat keiner sonst, als ich mir selbst gestiftet.
Das Ehbett auch des Toten, mit den Händen
Befleck ich es, durch die er umkam. Bin ich bös?
Bin ich nicht ganz unrein? und wenn ich fliehn muß,
Darf auf der Flucht die Meinen ich nicht sehn,

Noch gehn zur Heimat; oder soll ich sein
Zusammen mit der Mutter gejocht zur Hochzeit,
Soll ich den Vater morden, Polybos,
Der mich gezeuget und mich aufgenährt?
Würd einer, der von unser einem urteilt,
Die Sache nicht von rohem Geist erklären?
Nein, nicht, o du der Götter heilig Licht,
Mag diesen Tag ich sehen, sondern lieber
Schwind ich von Menschen, eh ich sehe,
Wie solch ein Schimpf des Zufalls mir begegnet.

Chor
Uns König, ist es furchtbar, aber bis dus
Von gegenwärtigem erfährest, hoffe.

Ödipus
Nun aber bleibt so viel von Hoffnung mir
Allein, den Mann, den Hirten zu erwarten.

Jokasta
Wenn er erscheinet, was ist dein Verlangen?

Ödipus
Ich will dirs sagen. Findet sich, daß er
Dir jenes sagt, so mag ich fliehn das Leiden.

Jokasta
Welch Wort vornehmlich hörtest du von mir?

Ödipus
Von räuberischen Männern sprech er, sagst du,
Sie haben ihn getötet. Wenn er nun noch
Dieselbe Zahl aussagt, hab ich ihn nicht
Getötet. Nicht mag einer vielen gleich sein.

Wenn einen Mann gefährtenlos er nennt,
Kommt deutlich diese Tat jetzt über mich.

Jokasta
Wiß aber, daß so offenbar das Wort ist,
Und nicht umwerfen darf er dieses wieder.
Die Stadt hat es gehört, nicht ich allein.
Wenn nun etwas vom alten Wort er abweicht,
Nicht wohl, o König! macht des Lajos Mord
Er kund, recht und gerad, wie Loxias
Ihn aussprach, daß von meinem Kind er sterbe.
Auch hat ihn ja das Unglückselige nicht
Getötet, damals, selbst kam es zuvor um.
Und so mag in den Prophezeiungen
Ich jetzt nichts sehn, und auch das erstemal nicht.

Ödipus
Schön meinest du es. Sende aber doch
Zum Landmann einen Boten, laß es nicht!

Jokasta
Schnell will ich senden. Doch laß uns hineingehn,
Nicht möcht ich nämlich tun, was du nicht liebtest.

Sie gehen ab

Chor der Thebanischen Alten
Hätt ich mit mir das Teil
Zu haben Heiligkeit in Worten genau,
In den Werken allen, deren Gesetze
Vor Augen sind, gestaltet durch den himmlischen
Äther geboren, von denen
Der Olymp ist Vater allein; den hat nicht sterbliche
Natur von Männern gezeugt,

Noch jemals in Vergessenheit er einschläft.
Groß ist in jenen der Gott,
Nicht altert er.

Frechheit pflanzt Tyrannen. Frechheit,
Wenn eitel sie von vielem überfüllt ist,
Was zeitig nicht und nicht zuträglich,
Zur höchsten steigt sie, sie stürzt
In die schroffe Notwendigkeit,
Da sie die Füße nicht recht braucht.
Das wohlanständige aber in der Stadt, das Altertum,
Daß nie es löse der Gott, bitt ich.
Gott will ich niemals lassen, als
Vorsteher ihn halten.

Wenn aber überschauend einer mit Händen wandelt, oder
Mit Worten, und fürchtet das Recht nicht, und
Die Thronen nicht der Dämonen verehrt,
Den hab ein böses Schicksal,
Unschicklichen Prangens wegen,
Wenn nicht Gewinn er gewinnet recht,
Und offenbares verschleußt,
Und unberührbares angreift albern.
Wer mag noch wohl hiebei, ein Mann,
Im Gemüte die Pfeile verschließen, und nicht
Die Seele verteidigen? Sind
Denn solche Handlungen ehrsam?
Was soll ich singen?

Nicht mehr zum unberührbaren geh ich,
Zu der Erde Nabel mit Ehrfurcht,

Noch zu dem Tempel in Abä,
Wenn dies nicht offenbar
Den Sterblichen allen recht ist.
O Mächtiger aber, wenn du
Aufrichtiges hörst, Zeus, allbeherrschend,
Verborgen sei es dir und deiner
Unsterblich währenden Herrschaft nicht!
Zu Schanden nämlich werden die alten
Von Lajos die Göttersprüche schon, und nimmer
In Ehren Apollon offenbar ist.
Unglücklich aber gehet das Göttliche.

VIERTER AKT
Erste Szene
Jokasta Ein Bote Chor Ödipus

Jokasta
Ihr Könige des Landes, der Gedanke kam mir,
Zu gehn in der Dämonen Tempel, hier
Zu nehmen Kronen in die Hand und Rauchwerk.
Denn aufwärts bieget Ödipus den Mut
In mannigfacher Qual, nicht, wie ein Mann,
Besonnen, deutet er aus Altem Neues.
Sein Wort ist aber, mag er Furcht aussprechen,
Daß ich, zum Ende, weiter nichts mehr tun,
Zu dir, o Lycischer Apollon, aber,
Denn sehr nah bist du, kniend kommen soll
Mit diesen Huldigungen, daß du uns
Ein eiligrettend Mittel senden mögest.
Denn all jetzt fürchten wir, betroffen ihn
Erblickend, gleich dem Steuermann des Schiffes

Bote
Kann ich von euch, ihr Fremden, hören, wo
Des Herren Häuser sind, des Ödipus?
Am Besten könnt ihr sagen, wo er wohnet.

Chor
Das Haus ist hier und drinnen ist er, Fremder,
Und diese Frau ist Mutter seiner Kinder.

Bote
Reich soll sie sein, mit Reichen immerhin,
Und immerdar von jenem die Gemahlin!

Jokasta
So du auch, Fremder; würdig bist du es,
Des guten Wortes wegen. Aber sage,
Mit welcher Bitte kommst du, welcher Nachricht?

Bote
Mit guter in das Haus, und zum Gemahl, Frau!

Jokasta
Was ist es? und von wem bist du gekommen?

Bote
Ich komme von Korinth. Es freut vielleicht
Mein Wort. Wie nicht? Es kann dich auch betrüben.

Jokasta
Was ist es, das so zweifach eine Kraft hat?

Bote
Zum Herren wollen ihn die Eingebornen
Des Isthmos setzen, daß daselbst er throne.

Jokasta
Wie? herrscht der alte Polybos nicht mehr?

Bote
Nicht mehr, seitdem der Tod ihn hält im Grabe.

Jokasta
Was sagst du, ist gestorben Polybos?

Bote
Sag ich die Wahrheit nicht, so will ich sterben.

Jokasta
O Magd, willst du nicht gleich zum Herren gehn,
Es sagen? o ihr Prophezeiungen
Der Götter, wo seid ihr? lang hat Ödipus
Den Mann geflohen, daß er nicht ihn töte.
Jetzt stirbt er weg, zufällig, nicht durch jenen.

Ödipus
O liebstes, du, des Weibs, Jokastas Haupt!
Was riefest du heraus mich aus den Häusern?

Jokasta
Hör diesen Mann, und forsch und höre, wo
Die hohen sind, des Gottes Sehersprüche.

Ödipus
Doch wer ist dieser, und was sagt er mir?

Jokasta
Er kommet von Korinth, sagt, Polybos,
Dein Vater, sei nicht mehr, er seie tot.

Ödipus
Was sagst du, Fremder? kläre du mich selbst auf!

Bote
Wenn dies zuerst ich deutlich künden muß,
So wisse, daß mit Tod er abgegangen.

Ödipus
Starb heimlich er, zog er sich Krankheit zu?
Bote
Ein kleiner Fall macht still die alten Körper.
Ödipus
An Krankheit welkte, wie es scheint, der Alte.
Bote
Und an der großen Zeit genug gemessen.
Ödipus
Wohlan! Wer sollte nun, o Weib, noch einmal
Den prophezeienden Herd befragen, oder
Von oben schreiend die Vögel? deren Sinn nach
Ich töten sollte meinen Vater, der
Gestorben schlummert unter der Erd; hier aber
Bin ich, und rein ist meine Lanze, wenn er anders
Im Traume nicht umkam, von mir. So mag er
Gestorben sein, von mir; zugleich nahm er auch
Die heutigen Sehersprüche mit und liegt nun
Im Hades, Polybos, nicht weiter gültig.
Jokasta
Hab ich dir dies nicht längst vorausgesagt?
Ödipus
Du hasts gesagt. Ich ward von Furcht verführt.
Jokasta
Nimm nun nichts mehr von jenem dir zu Herzen.
Ödipus
Was? auch der Mutter Bett soll ich nicht fürchten?

Jokasta
Was fürchtet denn der Mensch, der mit dem Glück
Es hält? Von nichts gibts eine Ahnung deutlich.
Dahin zu leben, so wie einer kann,
Das ist das Beste. Fürchte du die Hochzeit
Mit deiner Mutter nicht! denn öfters hat
Ein Sterblicher der eignen Mutter schon
Im Traume beigewohnt: doch wem wie nichts
Dies gilt, er trägt am leichtesten das Leben.

Ödipus
Schön wär all dies von dir gesagt, wo nicht
Die Mutter lebte, doch so lang sie lebt,
Ists hohe Not, so schön du sprichst, zu fürchten.

Jokasta
Jedoch ein groß Licht ist des Vaters Grab dir.

Ödipus
Ein großes. Recht! die Lebende fürcht ich nur.

Bote
Um welches Weibes willen fürchtest du?

Ödipus
Meropes, Greis, der Frau des Polybos.

Bote
Was ist es, das euch fürchten macht vor jener?

Ödipus
Göttlich bereiteter Prophezeiung Kraft, o Fremder!

Bote
Darf oder darf es nicht ein andrer wissen?

Ödipus
Gar wohl. Es sagt' einst Loxias mir nämlich,
Ich müsse mit der Mutter mich vermischen,
Entreißen mit der Hand sein Blut dem Vater.
Deswegen bin ich lange von Korinth
Und weit hinweg geflohn, mit Glück, doch ist
Es lieblich auch, zu schaun der Eltern Augen.

Bote
Bist du aus Furcht davor von da entfremdet?

Ödipus
Des Vaters Mörder nicht zu sein, o Alter

Bote
Hab ich dich nicht aus dieser deiner Furcht,
Als wohlgemut ich kann, befreit, o König?

Ödipus
Auch einen Dank, der meiner wert, empfängst du.

Bote
Auch bin ich meist darum hierher gekommen,
Daß, wenn du heimkehrst, mir es wohlergehe.

Ödipus
Nie leb ich nahe denen, die mich pflegten.

Bote
Wohl zeigst du, Kind! du wissest, was du tust, nicht.

Ödipus
Wie, bei dem Göttlichen, Alter, sprich etwas!

Bote
Willst wegen jenen du nach Haus nicht gehn?

Ödipus
Ich fürchte, daß nicht klar mir Phöbos komme.
Bote
Daß keine Schmach von Eltern du empfängst?
Ödipus
Das eben, Alter, dieses schreckt mich immer.
Bote
Weißt du es denn, daß du mit Unrecht fürchtest?
Ödipus
Wie, bin ich denn das Kind nicht jener Mutter?
Bote
Nein. Polybos war nicht von deinem Stamme.
Ödipus
Was sagst du? pflanzte Polybos mich nicht?
Bote
Beinahe so etwas, wie unser einer.
Ödipus
Wie das? ein Vater, der dem Niemand gleich ist?
Bote
Ein Vater eben. Polybos nicht, nicht ich.
Ödipus
Wofür denn aber nennt der mich das Kind?
Bote
Von meiner Hand empfing er als Geschenk dich.
Ödipus
Warum aus andrer Hand liebt' er mich so?
Bote
Die Kinderlosigkeit hatt' ihn bewogen.

Ödipus
Hattst du gekauft mich, gabst du mich als Vater?
Bote
Ich fand dich in Kithärons grüner Schlucht.
Ödipus
Ziehst du zu etwas um in diesen Orten?
Bote
Ich hütete daselbst des Berges Vieh.
Ödipus
Als Hirte, oder irrtest du im Taglohn?
Bote
Ich war dein Retter, Kind, in dieser Zeit.
Ödipus
Was hatt ich, daß zu Armen du mich zähltest?
Bote
Der Füße Glieder zeigen es an dir.
Ödipus
O mir, was nennest du dies alte Übel?
Bote
Ich löse dich, da dir die Zehn vernäht sind.
Ödipus
Gewaltigen Schimpf bracht aus den Windeln ich.
Bote
So daß genannt du bist nach diesem Dinge.
Ödipus
Das, Götter! das, bei Mutter, Vater! rede.
Bote
Ich weiß es nicht, ders gab, er weiß es besser.

Ödipus
Empfingst du mich von andern, fandst du selbst mich?
Bote
Nein! denn es gab dich mir ein andrer Hirte.
Ödipus
Wer ist der? kannst du deutlich mir es nennen?
Bote
Er nannte wohl von Lajos Leuten sich.
Ödipus
Der vormals Herr gewesen dieses Lands?
Bote
Am meisten war er dieses Mannes Hirte.
Ödipus
Ist er noch lebend, daß ich sehn ihn kann?
Bote
Ihr wißt am besten das, die Eingebornen.
Ödipus
Ist euer einer, die zugegen sind,
Der kennet diesen Hirten, den er nennet,
Daß er gesehn ihn auf den Äckern oder hier?
Zeigt es mir an, Zeit ist es, dies zu finden.
Chor
Ich weiß sonst keinen als den auf dem Lande,
Den du zuvor zu sehen schon verlangt,
Am besten doch möcht es Jokasta sagen.
Ödipus
Meinst du nicht, Weib! derselbe, dem wir eben
Gesandt den Boten, sei gemeint von diesem?

Jokasta
Wer sprach, von welchem? kehr dich nicht daran!
Und was man sagt, bedenke nicht zu viel es.
Ödipus
Das sei ferne, daß, bei solchen Zeichen,
Ich nicht entdecken sollte mein Geschlecht!
Jokasta
Bei Göttern, nein! bist du besorgt ums Leben,
So suche nicht. Genug erkrankt bin ich.
Ödipus
Sei gutes Muts! käm ich von dreien Müttern
Dreifach ein Knecht, es machte dich nicht schlimmer.
Jokasta
Doch, folge mir, ich bitte, tu es nicht!
Ödipus
Ich kann nicht, muß genau es noch erfahren.
Jokasta
Ich mein es gut und sage dir das Beste.
Ödipus
Dies Beste doch, es quälet mich schon lange.
Jokasta
O Armer, wüßtest nie du, wer du bist!
Ödipus
Wird einer gehn und mir den Hirten bringen?
Laßt diese sich am reichen Stamm erfreun!
Jokasta
Weh! weh! Unglücklicher! dies Eine kann ich
Zu dir noch sagen, andres nun und nimmer!
Sie geht ab

Chor
Warum wohl ging die Frau des Ödipus,
Von wilder Qual aufspringend? ich fürchte, daß
Aus dieser Stille nicht ein Unheil breche!
Ödipus
Was soll, das breche. Mein Geschlecht will ich,
Seis auch gering, doch will ich es erfahren.
Mit Recht ist sie, denn Weiber denken groß,
Ob meiner niedrigen Geburt beschämt.
Ich aber will, als Sohn des Glücks mich haltend,
Des wohlbegabten, nicht verunehrt werden;
Denn dies ist meine Mutter. Und klein und groß
Umfingen mich die mitgebornen Monde.
Und so erzeugt, will ich nicht ausgehn so,
So daß ich nicht ganz, wes ich bin, ausforschte.
Chor der Thebanischen Alten
Wenn ich Wahrsager bin,
Und kundig der Meinung,
Wirst, beim Olympos! du
Nicht allzuspröde, Kithäron!
Am morgenden Vollmond sein,
Daß man nicht dürft, als Landesverwandte
Des Ödipus, und als Nährerin und
Als Mutter erheben dich und sagen von dir,
Daß Liebenswürdiges du
Gebracht habst unseren Fürsten; aber dir
Sei, dunkler Phöbos, dies gefällig.

Wer hat dich, Kind, wer hat gezeugt
Von den Seligen dich? hat eine sich

Dem Pan genaht, dem Bergumschweifer, oder hat
Gebracht dich eine Tochter des Loxias?
Dem lieb sind all die
Ebnen des Landes; oder Kyllanas
König, oder der bacchische Gott,
Der wohnt auf hohen Gebirgen,
Hat er als Fund dich bekommen, von einer der
                                              Nymphen,
Der Helikoniaden, mit denen er öfters spielt?

ZWEITE SZENE
ÖDIPUS CHOR DER BOTE EIN DIENER

Ödipus
Darf ich auch, da ich nicht zugegen war,
Ihr Alten, etwas sagen? jenen Hirten
Glaub ich zu sehn, den lange wir gesucht.
Denn dieser sieht wie langes Alter aus,
Wie dieser hier; auch meine Diener kenn ich,
Die Führer; doch mit deiner Kunde magst du
Mir helfen, sahst vielleicht sonst schon den Hirten.

Chor
Ich kenn ihn wohl, damit dus weißt. War einer
Bei Lajos treu, so wars der Mann, der Hirte.

Ödipus
Dich frag ich erst, den Fremden von Korinth,
Meinst diesen du?

Bote
Denselben, den du anblickst.

Ödipus
Du Alter hier, sie hieher, sage mir,
Was ich dich frage; warst du einst des Lajos?
Diener
Sein Diener, nicht gekauft, im Haus erzogen.
Ödipus
Was für ein Werk besorgend, welches Leben?
Diener
Bei Herden bracht ich meist das Leben zu.
Ödipus
In welcher Gegend wohntest du am meisten?
Diener
Kithäron war es und das Land umher.
Ödipus
Den Mann hier, weißt du nicht, wo du ihn fandest?
Diener
Was war sein Tun? von welchem Manne sprichst du?
Ödipus
Von dem, der da ist. Warst du einst mit ihm?
Diener
Nicht, um es schnell besonnen dir zu sagen.
Bote
Kein Wunder ists, doch ich erinnere
Mich wohl des Unbekannten, weiß auch wohl,
Daß er es weiß, wie in Kithärons Gegend
Mit zweien Herden er, und ich mit einer
Zusammenkam mit ihm, vom Frühling an
Bis zum Arktur, die Zeit drei ganzer Monde.

Im Winter nun trieb ich in meine Ställe
Hinweg, und er zurück zu Lajos Höfen.
Sag ich nicht oder sag ich wirklich Wahres?

Diener
Du redest wahr, wiewohl aus langer Zeit.

Bote
Geh, sage nun, weißt du, du gabest mir
Ein Kind, daß ich zur Pflege mirs erzöge.

Diener
Was ists? Wofür sagst Du von der Geschichte.

Bote
Der ists, o jener, der noch jung war damals.

Diener
Gehst du zu Grunde nicht? willst du nicht schweigen?

Ödipus
O tadle den nicht, Alter! deine Worte
Verdienen Tadel mehr, als die von dem.

Diener
Hab ich gefehlt in etwas, bester Herr?

Ödipus
Nenn du das Kind, wovon er redet, der hier.

Diener
Er spricht gedankenlos, der hier ist anderswo.

Ödipus
Du redest nicht zu Dank und redest weinend.

Diener
Nicht, bei den Göttern, geißle drum mich Alten.

Ödipus
Wirst du nicht gleich die Hände binden dem?
Diener
Unglücklicher, wofür, was willst du wissen?
Ödipus
Gabst diesem du das Kind, wovon er spricht?
Diener
Ich gabs. Wär ich vergangen jenes Tages!
Ödipus
Das wird dir auch, sagst du das Rechte nicht.
Diener
Noch viel mehr, wenn ich rede, bin ich hin.
Ödipus
Der Mann, so scheint es, treibt es zum Aufschub?
Diener
Nicht so; ich sagte längst, daß ich es tat.
Ödipus
Wo nahmst dus her? wars eigen oder andern?
Diener
Mein war es nicht, empfing ich es von einem.
Ödipus
Von welchem Bürger das, aus welchem Hause?
Diener
Nicht, bei den Göttern, frage weiter, Herr!
Ödipus
Du bist verloren, frag ich dies noch einmal!
Diener
Von Lajos Hause also war es einer.

Ödipus
Ein Diener oder jenem anverwandt?

Diener
Oh! oh! das Schreckliche selbst zu sagen, bin ich dran.

Ödipus
Und ich zu hören. Dennoch hören muß ich.

Diener
Von jenem ward er Sohn genannt, doch drinnen
Mag dir am besten deine Frau es sagen.

Ödipus
Gibt diese denn es dir?

Diener
Jawohl, mein König.

Ödipus
Was mit zu tun?

Diener
Damit ich es vertilgte.

Ödipus
Weil sie unglücklich gebar?

Diener
Aus Furcht vor bösen Sprüchen.

Ödipus
Und welchen?

Diener
Es töte die Eltern, war das Wort.

Ödipus
Wo kamst du denn zusammen mit dem Greise?

Diener
Er wohnte, Herr, als wollt in andres Land
Er ferne ziehn, daselbst. Er rettet' aber
Zu größten Dingen dich; denn bist du der,
Den dieser nennt, so bist du unglückselig.
Ödipus
Ju! Ju! das Ganze kommt genau heraus?
O Licht! zum letztenmal seh ich dich nun!
Man sagt, ich sei gezeugt, wovon ich nicht
Gesollt, und wohne bei, wo ich nicht sollt, und da,
Wo ich es nicht gedurft, hab ich getötet.
Er gehet ab
Chor der Thebanischen Alten
Io! ihr Geschlechter der Sterblichen!
Wie zähl ich gleich und wie nichts
Euch Lebende.
Denn welcher, welcher Mann
Trägt mehr von Glück,
Als so weit, denn ihm scheint,
Und der im Schein lebt, abfällt.
Da ich dein Beispiel hab
Und deinen Dämon, o Armer!
Preis ich der Sterblichen keinen glücklich.

Getroffen hattest du es über die Maß,
Und gewonnen durchaus glücklichen Reichtum,
O Zeus, und verderbet sie, mit krummem Nagel,
Die wahrsagende Jungfrau,
Aufstehend in den Toden meines Landes ein Turm,
Woher du auch mir König genannt bist.

Und geehrt am höchsten,
Im großen Thebe regierend.
Wo höret man aber jetzt, von einem, der
Mühseliger wär im Wechsel des Lebens,
In Arbeit wohnend, in Qualen wild?
Io! des Ödipus erlauchtes Haupt!
Dem groß genug ein Hafen war,
Als Sohn in ihm mit dem Vater,
Dem hochzeitlichen, zu fahren,
Wie konnten einst, wie konnten
Die väterlichen Spuren, o Armer!
Stillschweigend dich bringen hieher?
Unwillig hat dich gefunden
Die allesschauende Zeit,
Und richtet die Eh, ehlos
Von alters her, weil sie
Sich mit sich selber gegattet.
Io! des Lajos Kind!
Hätt ich dich, hätt ich nie dich gesehn,
Ich jammre nämlich, da überhin
Ich jauchze aus dem Munde.
Das Rechte aber zu sagen, atmet' aus dir auf,
Und eingeschläfert hab ich mein Auge.

FÜNFTER AKT
Erste Szene
Ein Bote Chor

Bote
O ihr, die ihr allzeit im Lande hier
Geehrt am meisten seid, was werdet ihr

Für Werke hören, sehn, und welchen Jammer
Erheben, wenn, wie Eingeborne, noch
Den Häusern Labdakos ihr Sorge gönnet?
Ich meine, nicht der Ister, Phasis nicht
Wird rein abwaschen dieses Haus, so viel
Es birgt. Bald aber kommt ans Licht das Schlimme,
Unschuldig oder schuldig. Doch von Übeln
Am meisten schmerzt, was selbst erwählt sich zeiget.
Chor
Noch übrig ist, das jenes, was wir wissen,
Zum Seufzen nicht mehr sei, was weißt du noch?
Bote
Es ist das schnellste Wort, zu sagen und
Zu hören: tot ist es, Jokastas göttlich Haupt.
Chor
Unglückliche! um welcher Sache willen?
Bote
Sie selber durch sich selbst. Doch ist von dem
Das Traurigste entfernt. Der Anblick fehlet.
Doch sollst, so viel auch mir Gedächtnis blieb,
Das Leiden du der Kämpfenden erfahren.
Denn da im Zorne stürzend sie gekommen
Ins Innere des Hofs, lief sie zum Brautbett schnell,
Und riß das Haar sich aus mit Fingerspitzen.
Als sie die Türe hinter sich geschlossen,
Ruft sie den Lajos, der schon lange tot ist,
Des alten Samens eingedenk, worüber
Er tot sei und die Mutter übrig lasse,
Die kinderlos nach ihm die Kinder zeuge,

Und jammert um ihr Bett, wo sie unglücklich
Zwei Männer aus dem Mann und Kinder bring aus Kindern.
Und wie sie darauf umkam, das weiß ich nimmer.
Denn schreiend stürzte Ödipus herein,
Vor dem man nicht ihr Unglück sehen konnte.
Auf ihn, wie er umherging, sahen wir.
Er irrt und will, daß einen Speer wir reichen,
Daß er sein Weib, sein Weib nicht, und das Feld,
Das mütterliche, find und seiner Kinder.
Dem Wütenden wies es von Dämonen einer,
Kein Mann von denen, die zugegen waren.
Gewaltig stürzt', als unter einem Treiber,
Und trat auf beide Türen er, und sprengte
Die hohlen Schlösser aus dem Grund und stürzt
In das Gemach, wo hängend wir die Frau sahn.
In Stricken hättst du sie verstrickt gesehn.
Wie er sie sieht, lautbrüllend, der Arme löst
Das hängende Seil, und auf die Erde fiel er,
Der Leidende. Drauf wars ein Anblick schrecklich.
Die goldnen Nadeln riß er vom Gewand,
Mit denen sie geschmückt war, tat es auf,
Und stach ins Helle seiner Augen sich und sprach,
So ungefähr, es sei, damit er sie nicht säh,
Und was er leid, und was er schlimm getan,
Damit in Finsternis er anderer in Zukunft,
Die er nicht sehen dürft, ansichtig werden mög,
Und denen er bekannt sei, unbekannt.
Und so frohlockend stieß er öfters, einmal nicht,
Die Wimpern haltend, und die blutigen
Augäpfel färbten ihm den Bart, und Tropfen nicht,

Als wie von Mord vergossen, rieselten, sondern schwarz
Vergossen ward das Blut, ein Hagelregen.
Aus einem Paare kams, kein einzeln Übel,
Ein Übel zusammen erzeugt von Mann und Weib.
Ihr alter Reichtum, wahrhaft wars vor diesem
Ein Reichtum. Aber jetzt, an diesem Tage,
Geseufz und Irr und Tod und Schmach, so viel
Von allen Übeln Namen sind, es fehlet keins.

Chor
Wie ruhet er im Übel jetzt, der Arme?

Bote
Er schreit, man soll die Riegel öffnen, daß
Man jenen offenbare allen Kadmiern,
Den Vatermörder und der Mutter, spricht
Unheiliges, was ich nicht sagen darf.
Sich selbst verbannen woll er aus dem Lande,
Verflucht, wie er geflucht, im Haus nicht bleiben.
Der Stärke nun und eines, der ihn leitet,
Bedarf er, denn zu groß ist, daß er sie
Ertrage, seine Krankheit, doch er zeigt es dir.
Die Riegel dieses Tores öffnen sich;
Und einen Anblick wirst du sehn vielleicht,
So daß ein Feind auch seiner sich erbarmte.

Zweite Szene
Chor Ödipus *Hernach* Kreon

Chor
O schrecklich zu sehen, ein Schmerz für Menschen,
O schrecklichster von allen, so viel

Ich getroffen schon. Was ist, o Armer!
Dir gekommen ein Wahnsinn? welcher Dämon
Geleitete, den größesten, dich
Zu deinem tödlichen Schicksal?
Ach! ach! du Armer, aber ansehn kann
Ich nicht dich, vieles will ich sagen,
Viel raten, viel betrachten,
Solch einen Schauder machest du mir.

Ödipus
Weh! Weh! Weh! Weh!
Ach! ich Unglücklicher! Wohin auf Erden
Werd ich getragen, ich Leidender?
Wo breitet sich um und bringt mich die Stimme?
Io! Dämon! wo reißest du hin?

Chor
In Gewaltiges, unerhört, unsichtbar.

Ödipus
Io! Nachtwolke mein! Du furchtbare,
Umwogend, unaussprechlich, unbezähmt,
Unüberwältiget! o mir! o mir!
Wie fährt in mich zugleich
Mit diesen Stacheln
Ein Treiben und Erinnerung der Übel!

Chor
Ein Wunder ists in solchem Unglück nicht,
Daß zweifach du aufjammerst, zweifach Übel trägst!

Ödipus
Io, lieber, der du mich
Geleitest, nah mir bleibend!

Denn jetzt noch duldest du mich,
Den Blinden besorgend. Ach! ach!
Denn nicht verborgen mir bist du und wohl,
Obgleich im Dunkeln, kenn ich deine Stimme.
Chor
O der du tatst Gewaltiges! wie konntest du
Dein Auge so beflecken, welcher Dämon trieb dich?
Ödipus
Apollon wars, Apollon, o ihr Lieben,
Der solch Unglück vollbracht,
Hier meine, meine Leiden.
Es äffet kein Selbstmörder ihn;
Ich Leidender aber,
Was sollt ich sehn,
Dem sehend nichts zu schauen süß war.
Chor
Es war so, wie auch du sprichst.
Ödipus
Was hab ich noch zu sehen und zu lieben,
Was Freundliches zu hören? ihr Lieben!
Führt aus dem Orte geschwind mich,
Führt, o ihr Lieben! den ganz nichtswürdigen,
Den verfluchtesten und auch
Den Göttern verhaßt am meisten unter den Menschen.
Chor
Kleinmütiger und Eins mit dem Begegnis,
Wie wünsch ich, daß ich niemals dich gekannt.
Ödipus
Zu Grunde gehe, wer es war,

Der von der wilden
Bewanderten Heide die Füße
Erlöst' und von dem Mord
Errettet und erhielt; zu Dank
Nichts tat er. Denn damals gestorben,
Wär ich den Lieben nicht, nicht mir ein solcher Kummer.

Chor
Nach Wunsche mir auch wäre dieses.

Ödipus
Wohl wär ich nicht des Vaters Mörder
Gekommen, noch der Bräutigam genannt,
Von denen ich erzeugt ward.
Mühselig bin ich nun. Der Sohn Unheiliger,
Und eines Geschlechts mit denen, wo ich selbst
Herstammt, ich Armer. Gibts ein uralt Übel,
Empfing es Ödipus.

Chor
Ich kann nicht sagen, daß du gut geraten,
Denn besser wärs, du lebtest nicht, als blind.

Ödipus
Da dieses nun zum Besten nicht getan ist,
So unterweise nicht und rate mir nichts an.
Ich wußte nämlich nicht, mit welchen Augen ich
Den Vater angesehn, zum Hades wandelnd,
Und auch die arme Mutter. Welchen beiden
Ich Mühn vollbracht, die größer sind als Qualen.
Da war der Kinder Angesicht, wuchs täglich auf,
So wie aufwuchsen, anzuschauen mir
Nun nimmermehr! und meinen alten Augen

Nicht Stadt und Turm, die Bilder nicht der Geister,
Die heiligen, worum ich ärmlichster,
So gut ein einziger Mann gehalten war in Thebe,
Ich selber mich gebracht. Denn selber sagt ich,
Daß alle hassen ihn, den götterlosen,
Der als Unheiliger geoffenbaret
Durch Götter sei und das Geschlecht des Lajos.
Da meinen Schimpf ich also kundgetan,
Sollt ich mit graden Augen diese sehn?
Mit nichten. Sondern wäre für den Quell,
Der in dem Ohre tönt, ein Schloß, ich hielt es nicht,
Ich schlösse meinen müheseligen Leib,
Daß blind ich wär und taub. Denn süß ist es,
Wo der Gedanke wohnt, entfernt von Übeln.
Io! Kithäron! warum nahmest du mich auf?
Und tötetest empfangend mich nicht gleich,
Damit ich Menschen nie verräte, wer ich wäre?
O Polybos und Korinth, ihr väterlichen,
Ihr altgerühmten Häuser, wie so schön
Erzogt ihr mich, vor Übeln wohlverborgen?
Jetzt werd ich schlecht, der Schlechten Sohn gefunden.
O ihr drei Wege! du verborgner Hain,
Du Wald und Winkel auf dem Dreiweg, wo
Von meinen Händen ihr mein Blut, des Vaters Blut
Getrunken, denkt ihr mein? was ich für Werke
Getan bei euch und dann, als ich hieher kam,
Was ich dann wieder tat? o Ehe, Ehe!
Du pflanztest mich. Und da du mich gepflanzt,
So sandtest du denselben Samen aus,
Und zeigtest Väter, Brüder, Kinder,

Verwandtes Blut, und Jungfraun, Weiber, Mütter,
Und was nur schändlichstes entstehet unter Menschen!
Doch niemals sagt man, was zu tun nicht schön ist.
So schnell als möglich, bei den Göttern, begrabt
Mich draußen irgend, tötet oder werft
Ins Meer mich, wo ihr nimmermehr mich seht.
Geht! haltet es der Mühe wert, den Mann,
Mühselig, anzurühren. Folget mir!
Habt keine Furcht! So nämlich ist mein Übel,
Daß vor mir nie kein Mensch es tragen mochte.
Chor
Für deinen Wunsch ist eben Kreon da,
Zu handeln und zu raten. Denn er ist
Allein statt dir, des Landes Wächter, übrig.
Ödipus
O mir! was ist zu diesem Wort zu sagen?
Welch Zeichen wird von rechter Treue mir!
Denn längst bin ich vor ihm ganz schlimm befunden.
Kreon
Nicht als ein Spötter komm ich, Ödipus,
Noch von den alten Übeln eins zu schelten.
Allein, wenn ihr vor sterblichen Geschlechtern
Nicht Scheue habt, so ehret doch die Flamme,
Die alles weidende des Königs Helios!
Nicht darf man unbedeckt ein solches Unheil
Aufzeigen, das die Erde nicht, und nicht
Der heilge Regen und das Licht anspricht.
Geschwinde tragt hinein ihn in das Haus,
Denn denen im Geschlecht vornehmlich steht es an,
Zu sehn, zu hören eingeboren Übel.

Ödipus
Bei Göttern! da du mir das Streben aufhieltst,
Der Trefflichste, zum Schlechtesten gekommen,
Gehorche mir. Zu dir, zu mir nicht red ich.
Kreon
Was zu gewinnen, bittest du so sehr?
Ödipus
Wirf aus dem Lande mich, so schnell du kannst,
Wo ich mit Menschen ins Gespräch nicht komme.
Kreon
Schon wärs geschehn, das wisse, wollt ich nicht
Zuerst vom Gott erfahren, was zu tun sei.
Ödipus
Doch schon ist ganz von ihm gesagt die Sage,
Daß man verderbe mich gottlosen Vatermörder.
Kreon
So ward gesagt, doch, wo wir stehn, im Falle,
Ists besser noch, zu hören, was zu tun sei.
Ödipus
So um den Mann, mühselig, wollt ihr fragen?
Kreon
Du magst auch jetzt dem Gotte gläubig sein.
Ödipus
Auch schreib ich es dir vor und heiße dichs:
Ihr setze in den Häusern, wie du willst,
Den Hügel; denn du tust den Deinen es mit Recht.
Mein wegen halt es nicht der Mühe wert,
Daß mich die väterliche Stadt lebendig
Zum Mitbewohner habe. Sondern laß

Mich wohnen auf den Bergen, wo berühmt ist
Hier mein Kithäron, den, noch lebend, Mutter
Und Vater mir zum Grabmal auserkoren,
Daß ich durch jene sterbe, welche mich verderbt,
Wiewohl ich dieses weiß: mich konnte Krankheit
               nicht,
Nichts sonst zerstören; nicht bin ich vom Tod
Errettet denn zu diesem großen Übel.
Doch dies mein Schicksal geh, wohin es will.
Für sie, die Kinder, für die männlichen,
Für mich nicht sorge, Kreon. Sie sind Männer,
Daß Mangel nie sie haben werden, wo
Sie sind im Leben. Meine müheselgen
Erbarmungswerten Jungfraun aber, denen
Nie leer von Speis und ohne unser einen
Mein Tisch war, die, was ich berührte, teilten,
Allzeit in allem, nehme der dich an.
Auch wohl erlaubst du, zu berühren sie
Mit Händen und das Unglück zu beweinen.
Geh, o mein König!
Geh du aus edlem Stamm! berühr ich sie,
Wirds sein, als hielt ich sie, da ich gesehn.
Was sag ich?
Hör ich, bei Göttern, nicht die Lieben, wie
Sie um mich weinen? und erbarmend schickt
Sie Kreon mir, die liebsten meiner Kinder.
Hab ich nicht Recht?

Kreon
Das hast du, eben bring ich sie zu dir.
Ich weiß, von je war dieses deine Freude.

Ödipus
Gesegnet seiest du, und dieses Wegs
Mag besser dich als mich, ein Geist geleiten.
O Kinder, wo seid ihr wohl? kommt hieher, kommt,
Zu meinen brüderlichen Händen, ihr,
Die ihr, da er die Pflanzen zog, dem Vater
Geweidet habt die vormals hellen Augen,
Mir, Kinder, der unwissend, unerfahren
Ist Vater worden, wo er selbst gepflügt ward.
Beweinen muß ich euch, kann euch nicht ansehn,
Wenn ich den Rest des trüben Lebens denk,
Und wie Gewalt ihr leiden müßt von Menschen.
Wo in Versammlungen der Städter mögt ihr gehn?
Zu welcher Feier, wo ihr weinend nicht
Nach Hause geht, statt mit dem Festtagsreihen?
Doch wenn ihr nun zum Gipfel kommt der Hochzeit,
Wer wird es sein? wer wirft hinweg die Kinder,
Nimmt an den Schimpf und so, wie meinen Eltern
Und euch sie kommen, die Beleidigungen?
Denn welches Übel fehlt nicht? Euren Vater
Ermordete der Vater, die Gebärerin
Hat er gepflügt, von der er selbst gesäet ward,
Und von denselben zeugt' er euch, von denen
Er selbst gekommen. So seid ihr beschimpft.
Und so, wer mag euch freien? keiner wirds,
Ihr Kinder, sondern sicher ist es, dürre
Vergehen müsset ihr und ohne Hochzeit.
O Sohn Menökeus! aber, da allein du
Als Vater ihnen übrig bist, denn wir,
Die sie gezeugt, ein Paar, sind untergangen,

Verachte nicht die armen, männerlosen,
Verwandten Irrenden; du wirst sie nicht
Gleich stellen diesen meinen Übeln, wirst dich
Erbarmen ihrer, dies ihr Alter schauend.
Verlassen sind sie ganz. Bei dir steht es.
Versprich es, Edler! reiche deine Hand mir!
Euch, Kinder, wenn ihr schon die Sinne hättet,
Möcht ich noch vieles mahnen. Jetzt gelobt mir,
Was immer leben muß, daß ihr leichter
Wollt leben als, der euch gezeugt, der Vater.
Kreon
Genug, wohin gerätst du weinend?
Gehe nun hinein ins Haus!
Ödipus
Folgen muß man, freut es gleich nicht.
Kreon
Alles ist zu rechter Zeit schön.
Odipus
Weißt du, was ich nun will?
Kreon
Sag es. Ich weiß es, hör ich es.
Ödipus
Aus der Heimat sende fort mich.
Kreon
Was der Gott gibt, bittst du mich.
Ödipus
Doch, verhasset Göttern, komm ich.
Kreon
Darum auch erhältst dus bald.

Ödipus
Sagst dus nun?
Kreon
Was ich nicht denke, sag ich zweimal nicht.
Ödipus
Führe du mich jetzt von hinnen.
Kreon
Gehe! laß die Kinder nur!
Ödipus
Keineswegs nimmst du die mir.
Kreon
Alles maße dir nicht an!
Auch was eigen dir gewesen, folgt dir nicht im Leben
nach.
Chor
Ihr, im Lande Thebe Bürger, sehet diesen Ödipus,
Der berühmte Rätsel löste, der vor allen war ein Mann,
Der nicht auf der Bürger Eifer, nicht gesehen auf das
Glück,
Wie ins Wetter eines großen Schicksals er gekommen ist.
Darum schauet hin auf jenen, der zuletzt erscheint, den
Tag,
Wer da sterblich ist; und preiset glücklich keinen, eh
denn er
An des Lebens Ziel gedrungen, Elend nicht erfahren hat.

ANTIGONE

PERSONEN DES DRAMA

Antigone
Ismene
Chor von Thebanischen Alten
Kreon
Ein Wächter
Hämon
Tiresias
Ein Bote
Eurydice
Hausgenoß

ERSTER AKT

Erste Szene

Antigone Ismene

Antigone
Gemeinsamschwesterliches! o Ismenes Haupt!
Weißt du etwas, das nicht der Erde Vater
Erfuhr mit uns, die wir bis hieher leben,
Ein Nennbares, seit Ödipus gehascht ward?
Nicht eine traurge Arbeit, auch kein Irrsal,
Und schändlich ist, und ehrlos nirgend eines,
Das ich in deinem, meinem Unglück nicht gesehn.
Jetzt aber, ahnest du das, was der Feldherr
Uns kundgetan, in offner Stadt, soeben?
Hast du gehört es? oder weißt du nicht,
Wie auf die Lieben kommet Feindesübel?

Ismene
Nicht kam ein Wort zu mir, Antigone, von Lieben,
Kein liebliches und auch kein trauriges, seitdem
Die beiden Brüder beide wir verloren;
Die starben, einen Tag, von zweien Händen;
Seit aber fort das Heer von Argos ist,
Vergangne Nacht, weiß ich nichts weiter mehr,
Und bin nicht glücklicher und nicht betrübter.

Antigone
Das dacht ich wohl und rief dich aus dem Hoftor
Darum, daß dus besonders hören könntest.

Ismene
Was ists, du scheinst ein rotes Wort zu färben?

Antigone
Hat mit der letzten Ehre denn nicht unsre Brüder
Kreon gekränzt, beschimpfet, wechselweise?
Eteokles zwar, sagt man, behandelt er
Mit rechtem Recht, gesetzgemäß, und birgt
Ihn in die Erd, ehrsam den Toten drunten.
Vom andern aber, der gestorben ist, armselig,
Von Polynikes Leibe sagen sie, man hab
Es in der Stadt verkündet, daß man ihn
Mit keinem Grabe berg und nicht betraure.
Man soll ihn lassen unbeweint und grablos,
Süß Mal den Vögeln, die auf Fraßes Lust sehn.
So etwas, sagt man, hat der gute Kreon dir
Und mir, denn mich auch mein ich, kund getan,
Und hierher kommt er, dies Unwissenden
Deutlich zu melden. Und die Sache sei

Nicht, wie für nichts. Wer etwas tut dabei,
Dem wird der Tod des Steinigens im Orte.
So steht es dir. Und gleich wirst du beweisen,
Ob gutgeboren, ob die Böse du der Guten?

Ismene
Was aber, o du Arme, wenn es so steht?
Soll ich es lassen oder doch zu Grab gehn?

Antigone
Ob mittun du, mithelfen wollest, forsche!

Ismene
Das ist vermessen. Wie bist du daran?

Antigone
Ob du den Toten mit der Hand hier tragest?

Ismene
Dem willst zu Grabe du gehn, dem die Stadt entsagt hat?

Antigone
Von dir und mir mein ich, auch wenn du nicht es willst,
Den Bruder. Denn treulos fängt man mich nicht.

Ismene
Verwilderte! wenn Kreon es verbietet?

Antigone
Mit diesem hat das Meine nichts zu tun.

Ismene
O mir! bedenke, Schwester, wie der Vater
Von uns, verhaßt und ruhmlos, untergangen,
Nach selbstverschuldeten Verirrungen,
Da er sein Augenpaar mit eigner Hand zerstochen.
Und dann die Mutter, Ehefrau zugleich,

Ein doppelt Leiden, mit gewundnen Stricken
Verstümmelte das Leben sie. Zum dritten
Die beiden Brüder, die an einem Tage
Verwandten Tod mit Gegnershand bewirket.
Und nun wir zwei, die wir allein geblieben.
Sieh, wie am schlimmsten wir vergingen, wenn
Gewaltsam wir des Herrn Befehl und Kraft
Verfehlten. Dies auch denke, Weiber sind wir,
Und dürfen so nicht gegen Männer streiten.
Und dann auch, weil von Stärkern wir beherrscht sind,
So müssen wir dies hören; Härters noch!
Ich also bitte sie, die drunten sind,
Mir zu verzeihen, daß mir dies geschieht.
Und laß sie walten, die da ferne gehen,
Denn Überflüssiges zu tun, ist sinnlos.

Antigone
Befehlen will ichs nicht, und wolltest dus nun
Noch tun, es wär in deiner Hilfe Lust nicht.
Nein! denke du, wie dirs gefällt; doch ihn
Begrab ich. Schön ist es hernach zu sterben.
Lieb werd ich bei ihm liegen, bei dem Lieben,
Wenn Heiligs ich vollbracht. Und dann ists mehr Zeit,
Daß denen drunten ich gefall als hier.
Dort wohn ich ja für immer einst. Doch du,
Beliebt es, halt ehrlos vor Göttern Ehrsams.

Ismene
Für ehrlos halt ichs nicht. Zum Schritt allein, den Bürger
Im Aufstand tun, bin linkisch ich geboren.

Antigone
Nimm nur zum Vorwand dies. Ich aber gehe,
Ein Grab dem liebsten Bruder aufzuwerfen.
Ismene
Ich Arme! o! wie fürchte ich für dich!
Antigone
Mir rate nicht! komm aus mit deinem Leben!
Ismene
Meinwegen. Laß die Tat nur niemand hören!
Halt dich jetzt still! So kann ich mit dabei sein.
Antigone
O mir! schrei laut es aus! Ich hasse nur noch mehr dich,
Schweigst du und sagst nicht dieses aus vor allen.
Ismene
Warm für die Kalten leidet deine Seele.
Antigone
Ich weiß, wem ich gefallen muß am meisten.
Ismene
Könntst du es, doch Untunliches versuchst du.
Antigone
Gewiß! kann ich es nicht, so muß ichs lassen.
Ismene
Gleich anfangs muß niemand Untunlichs jagen.
Antigone
Magst du so etwas sagen, haß ich dich,
Haßt auch dich der Gestorbene mit Recht.
Laß aber mich und meinen irren Rat
Das Gewaltige leiden. Ich bin überall nicht so
Empfindsam, daß ich sollt unschönen Todes sterben.

Ismene
Wenn dir es dünkt, so geh! Wiß aber dies,
Sinnlos, doch lieb in liebem Tone sprichst du.

Chor der Thebanischen Alten
O Blick der Sonne, du schönster, der
Dem siebentorigen Thebe
Seit langem scheint, bist einmal du
Erschienen, o Licht, bist du,
O Augenblick des goldenen Tages,
Gegangen über die Dirzäischen Bäche,
Und den Weißschild, ihn von Argos,
Den Mann, gekommen in Waffenrüstung.
Den hinstürzenden Flüchtling,
Bewegst du mit der Schärfe des Zaums, ihn,
Mit welchem über unser Land
Sich geschwungen Polynikes
Aus zweideutigem Zank und scharf, wie ein Adler,
Schrie er und flog,
Schneeweiß sein Flügel,
Furchtbar, mit Waffen viel,
Und Helmen, geschmückt mit dem Roßschweif,

Und über Palästen stand er und wies,
Voll blutiger Spieße, rings
Das siebentorige Maul.
Doch ging er davon,
Noch ehe von unsrem
Blut er die Backen
Gefüllt, und ehe
Die Krone der Türme

Die Fackel des Hephästos genommen.
So über dem Rücken ist Getümmel
Des Mars dem Feind, ein Hindernis
Dem Drachen geworden.
Denn sehr haßt Zeus das Prangen
Der großen Zung, und wo er,
Wenn sie langschreitend kommen,
Ins goldene ihnen sieht, ins eitle Hinaussehn,
Mit geschwungenem Feuer stürzet er sie, wo einer
Von steilen Treppen schon
Den Sieg anhebet zu jauchzen.

Auf harten Boden aber fällt er, hinuntertaumelnd,
Liebestrunken, der mit rasender Schar
Hinschnob, bacchantisch
Im Wurf ungünstiger Winde;
Fand aber anders;
Anderes andrem
Bescheidet der Schlachtgeist, wenn der hart
Anregend einen mit dem Rechten die Hand erschüttert.
Sieben Fürsten, vor sieben Toren
Geordnet, gleiche zu gleichen, ließen
Dem Zeus, dem triumphierenden, die ehernen Waffen,
Außer den abscheulichen, die von einem Vater
Und einer Mutter gezeuget, gegeneinander
Die gedoppelten Speere gerichtet und empfangen
Des gemeinsamen Todes Teil, die beiden.

Der großnamige Sieg ist aber gekommen,
Der wagenreichen günstig, der Thebe,

Und nach dem Kriege hier,
Macht die Vergessenheit aus!
Zu allen Göttertempeln,
Mit Chören, die Nacht durch,
Kommt her! und, Thebe
Erschütternd, herrsche der Bacchusreigen!
Doch er, der König der Gegend,
Kreon, Menökeus Sohn, neu nach
Der Götter neuen Verhängnissen,
Kommt wohl, um einen Rat
Zu sagen, da er zusammenberufen
Und verordnet hier der Alten Versammlung,
Und öffentliche Botschaft gesendet.

    Zweite Szene
     Kreon Chor

Kreon
Ihr Männer, wärs die Stadt allein, die haben,
Nachdem in großer Flut sie die geschüttert,
Nun wiederum gestaltet unsre Götter.
Euch aber rief aus zwei Ursachen ich
Aus den Gesamten, einmal, weil ich weiß,
Ihr achtet überhaupt von Lajos Thron die Herrschaft,
Dann auch, als Ödipus die Stadt errichtet,
Und nachher unterging, seid treugesinnt
Geblieben ihr den Kindern jener Eltern.
Da nun aus doppeltem Verhängnis diese
An einem Tag umkamen, schlagend und
Geschlagen in der eigenhändgen Schande,
Hab ich die Kraft also und Thron durchaus,

Aus Folge des Geschlechts von den Gestorbnen.
Doch nur mit solchen, die Recht und Befehl gewohnt
        sind,
Kann einer, in der Seel und Sinnesart und Meinungen,
Verstehn sich allenfalls, mit andern schwerlich.
Mir nämlich scheint, wenn einer vornehm ist,
Und nicht sich hält im höchsten Sinn, hingegen
In einer Furcht verschloßne Zunge führet,
Ein schlechtes Leben das, jetzt und von jeher.
Und wenn für größer als sein Vaterland
Das liebste jemand hält, der gilt mir ganz nichts.
Ich nämlich, weiß es Zeus, der alles schauet, allzeit,
Ich werd es nicht verschweigen, seh ich Irrung
Den Städtern gehen gegen ihre Wohlfahrt, nicht,
Wenn auf dem Grund hier ein Verdroßner ist,
Den mir zum Freunde machen, denn ich weiß,
Der hält zusammen, und so wir auf diesem
Recht fahren, mögen Freunde wir gewinnen.
Nach solcher Satzung will die Stadt ich fördern.
Dermalen aber hab ich Ähnliches verkündet
Den Städtern wegen Ödipus Geschlecht.
Eteokles wohl, der kämpfend für die Stadt ist
Gestorben, all anordnend mit dem Speer,
Ihn decket mit dem Grab und fertiget,
Was nur gehört den besten Toten drunten.
Doch jenem, der sein Blutsverwandter ist,
Polynikes, der das väterliche Land,
Der Heimat Götter, kommend von der Flucht,
Vom Gipfel an, mit Feuer wollte stürzen,
Sich weiden an verwandtem Blut und diese

Wegführen in Gefangenschaft, von diesem
Sag ich und in der Stadt ists ausgerufen,
Daß keiner ihn begrabe, keiner traure,
Daß unbegraben er gelassen sei, zu schaun
Ein Mahl, zerfleischt von Vögeln und von Hunden.
Dies ist mein Sinn, und niemals werden mir
Die Schlimmen mehr geehrt sein als die Guten.
Doch wer es gut meint mit der Stadt, tot oder
Lebendig, immer sei er gleich von mir geschätzet.
Chor
Dir dünket dies, o Sohn Menökeus, Kreon,
Des Feindes wegen und des Freunds der Stadt,
Und das Gesetz gebrauchst du überall,
Der Toten wegen und der Lebenden.
Kreon
Tragt ihr die Aufsicht nun in dem Besagten!
Chor
Besetze du mit Jungen derlei Posten!
Kreon
Nicht das. Die Wach ist schon für den Entleibten draußen.
Chor
Du nehmest aber auch noch in die Pflicht uns andre?
Kreon
Ja. Weils gewisse gibt, bei denen dieses mißfällt.
Chor
Hier ist kein solcher Tor, der gerne stirbet.
Kreon
Dies ist der Lohn. Doch hat mit Hoffnungen
Oft der Gewinn den Mann zu Grund gerichtet.

Dritte Szene
Kreon Chor Ein Bote

Bote
Mein König, diesmal plaudr ich nicht, wie mich
Die atemlose Schnelle bring, und wie
Sich leicht gehoben mir der Fuß. Denn öfters
Hielt mich die Sorg und wendet auf dem Wege
Mich um zur Rückkehr. Denn die Seele sang
Mir träumend viel. Wo gehst du hin, du Armer!
Wohin gelangt, gibst du die Rechenschaft?
Bleibst du zurück, Unglücklicher? so aber
Wird Kreon es von einem andern hören.
Wie kümmerst du deswegen denn dich nicht?
Derlei bedenkend, ging ich müßig langsam,
Und so wird auch ein kurzer Weg zum weiten.
Zuletzt hat freilich dies gesiegt, ich soll
Hieher, und wenn mein Sorgen auch für nichts ist,
So sprech ich doch. Denn in der Hoffnung komm ich,
Es folge nur dem, was ich tat, was not ist.

Kreon
Was gibts, warum du so kleinmütig kommest?

Bote
Ich will dir alles nennen, was an mir ist,
Denn nicht getan hab ichs; weiß auch nicht, wer
                                          es tat.
Und nicht mit Recht würd ich in Strafe fallen.

Kreon
Du siehst dich wohl für. Hüllest ringsherum
Die Tat, und scheinst zu deuten auf ein Neues.

Bote
Gewaltiges macht nämlich auch viel Mühe.

Kreon
So sag es jetzt, und gehe wieder weiter!

Bote
Ich sag es dir. Es hat den Toten eben
Begraben eines, das entkam, die Haut zweimal
Mit Staub bestreut, und, wies geziemt, gefeiert.

Kreon
Was meinst du? wer hat dies sich unterfangen?

Bote
Undenklich. Nirgend war von einem Karst
Ein Schlag; und nicht der Stoß von einer Schaufel,
Und dicht das Land; der Boden ungegraben;
Von Rädern nicht befahren. Zeichenlos war
Der Meister, und wie das der erste Tagesblick
Anzeigte, kams unhold uns all an, wie ein Wunder,
Nichts feierlichs. Es war kein Grabmal nicht.
Nur zarter Staub, wie wenn man das Verbot
Gescheut. Und auch des Wilds Fußtritte nirgend nicht,
Noch eines Hundes, der gekommen und zerrissen.
Und schlimme Worte fuhren durcheinander.
Ein Wächter klagt den andern an; und fast
Gekommen wärs zu Streichen. Niemand war,
Der abgewehrt. Denn jeder schien, als hätt
Er es getan, doch keiner offenbar,
Und jeder wußt etwas für sich zu sagen.
Wir waren aber bereit, mit Händen glühend Eisen
Zu nehmen und durch Feuer zu gehn und bei den Göttern

Zu schwören, daß wir nichts getan, und daß wir
Von dem nichts wußten, welcher das Geschehene
Beratschlagt oder ausgeführt. Zuletzt,
Als weiter nichts zu forschen war, spricht einer,
Der alle dahin brachte, daß das Haupt
Zu Boden ihnen sank, aus Furcht; denn nichts
Dagegen wußten wir, noch auch, wie wir
Es schön vollbrächten, und es hieß, man müsse
Die Tat anzeigen, dir es nicht verbergen.
Und dieses siegt, und mich den Geisterlosen
Erliest das Los, daß die Gewissenhaftigkeit
Ich hab und bin zugegen, wider Willen;
Ich weiß, ich bin es vor Unwilligen,
Denn niemand liebt den Boten schlimmer Worte.

Chor
Mein König, lange rät, es möchte göttlich
Getrieben sein das Werk, mir das Gewissen.

Kreon
Laß das! damit du nicht zum Zorngericht auch mich noch
Beredest, und ein Narr erfunden seist und Alter.
Denn allzuschwer fällt dieses, daß du sagst,
Die Geister aus jenseitigem Lande können
Nachdenklich sein um dieses Toten willen.
So zärtlich ehren sollten sie, umschatten einen,
Der doch die Gruppen ihrer Tempelsäulen
Und Opfer zu verbrennen kam, ihr Land
Und ihr Gesetz zu sprengen; oder siehest du,
Daß Schlimme von den Himmlischen sind geehrt?
Mit Nichten. Doch es nehmen einige

Von sonst her mir dies übel in der Stadt,
Und murren insgeheim die Häupter schüttelnd,
Und im Geschirre biegen diese mir
Den Nacken so nicht ein, das Menschlichs kommen
                                könnte.
Von diesen sind Geschenke worden diesen,
Das weiß ich wohl, daß sie derlei gestiftet.
Denn unter allem, was gestempelt ist,
Ist schlimm nichts, wie das Silber. Ganze Städte
Verführet dies, reizt Männer aus den Häusern.
Verbilden und verwandeln kanns aufrichtige Sinne,
Daß sie der Sterblichen ihr schändlich Werk erkennen.
Und viel Geschäft den Menschen weist es an,
Und jeder Tat Gottlosigkeit zu wissen.
So viele dies getan, durch Lohn bewegt,
Sie tatens in der Zeit, zu Rechenschaft.
Wenn aber Leben hat der Erde Herr, in mir auch,
So weiß ich dies, und dargestellt zum Eide,
Sag ich dir dies: den Täter müßt ihr liefern,
Der hakt die Toten, den vors Auge müßt ihr
Mir schaffen, oder lebend erst, ans Kreuz gehängt,
Das üppige Beginnen mir verraten,
Dann könnet ihr gefaßt sein auf die Hölle.
Da schaut ihr dann, woher man den Gewinn holt,
Vermacht die Plünderung einander, und erfahrt,
Daß alles nicht gemacht ist zum Erwerbe.
Das weißt du gut, durch schlimmen Vorteil sind
Betrogen mehrere, denn wohlbehalten.
Bote
Gibst du was auszurichten, oder kehr ich so?

Kreon
Weißt du, wie eine Qual jetzt ist in deinen Worten?
Bote
Sticht es im Ohre, stichts im Innern dir?
Kreon
Was rechnest du, wo sich mein Kummer finde?
Bote
Der Täter plagt den Sinn, die Ohren ich.
Kreon
O mir! welch furchtbarer Sprechart bist du geboren?
Bote
So ists, weil ich nicht in der Sache mit bin.
Kreon
Du bists! um Geld verratend deine Seele!
Bote
Ach! furchtbar ist Gewissen ohne Wahrheit!
Kreon
So mal die Satzung aus! Wenn aber ihr
Nicht anzeigt, dies getan, so möcht ihr sagen,
Gewaltiges Gewinnen gebe Schaden.
Kreon geht ab.
Bote
Dem kann denn doch wohl nachgespüret werden.
Obs aber treffen auch sich läßt? So etwas
Geht nämlich, wie es zustößt, eben; nun scheints nicht,
Als sähest du mich wieder hieher kommen.
Denn unverhofft und gegen meine Meinung
Erhalten, sag ich jetzt viel Dank den Göttern.
Er gehet ab.

ZWEITER AKT
Chor der Thebanischen Alten

Ungeheuer ist viel. Doch nichts
Ungeheuerer, als der Mensch.
Denn der, über die Nacht
Des Meers, wenn gegen den Winter wehet
Der Südwind, fähret es aus
In geflügelten, sausenden Häusern.
Und der Himmlischen erhabene Erde,
Die unverderbliche, unermüdete,
Reibet er auf; mit dem strebenden Pfluge,
Von Jahr zu Jahr,
Treibt sein Verkehr er, mit dem Rossegeschlecht,
Und leichtträumender Vögel Welt
Bestrickt er, und jagt sie;
Und wilder Tiere Zug,
Und des Pontos salzbelebte Natur
Mit gesponnenen Netzen,
Der kundige Mann.
Und fängt mit Künsten das Wild,
Das auf Bergen übernachtet und schweift.
Und dem rauhmähnigen Rosse wirft er um
Den Nacken das Joch, und dem Berge
Bewandelnden, unbezähmten Stier.

Und die Red und den luftigen
Gedanken und städtebeherrschenden Stolz
Hat erlernet er, und übelwohnender
Hügel feuchte Lüfte, und
Die unglücklichen zu fliehen, die Pfeile. Allbewandert,

Unbewandert. Zu nichts kommt er.
Der Toten künftigen Ort nur
Zu fliehen weiß er nicht,
Und die Flucht unbehaltener Seuchen
Zu überdenken.
Von Weisem etwas, und das Geschickte der Kunst
Mehr, als er hoffen kann, besitzend,
Kommt einmal er auf Schlimmes, das andre zu Gutem.
Die Gesetze kränkt er, der Erd und Naturgewaltger
Beschwornes Gewissen;
Hochstädtisch kommt, unstädtisch
Zu nichts er, wo das Schöne
Mit ihm ist und mit Frechheit.
Nicht sei am Herde mit mir,
Noch gleichgesinnet,
Wer solches tut.

Wie Gottesversuchung aber stehet es vor mir,
Daß ich sie seh und sagen doch soll,
Das Kind seis nicht, Antigone.
O Unglückliche, vom unglücklichen
Vater Ödipus, was führt über dir und wohin,
Als ungehorsam dich
Den königlichen Gesetzen,
In Unvernunft dich ergreifend?

Erste Szene
Antigone Der Bote Chor Kreon
Bote
Die ists. Die hats getan. Die griffen wir,
Da sie das Grab gemacht; doch wo ist Kreon?

Chor
Er kommet eben da zurück vom Hause.
Kreon
Was ist es? welch gemeßner Fall geht vor?
Bote
Mein König, Menschen müssen nichts verschwören.
Bildung lacht aus die Meinung. Was ich sag;
Ich dachte nicht so leicht hieher zurückzukommen,
Der Drohung nach, die mich zuvor herumgestürmet.
Dem Überraschen einer Freude gleicht jedoch
In keinem Grad ein anderes Vergnügen.
Beschworen komm ich, ob ich gleich es abschwur,
Die Jungfrau bringend hier; die ward erfunden,
Wie sie das Grab geschmückt. Da ward kein Los
Geschwungen. Sondern dieser Fund ist mein,
Und keines andern; nimm, o König, nun
Sie selber, wie du willst, und richt und strafe!
Ich bin mit Recht befreit von diesem Unglück.
Kreon
Wie bringst du diese her? wo griffst du sie?
Bote
Die hat den Mann begraben. Alles weißt du.
Kreon
Weißt du und sagst auch recht, was du geredet?
Bote
Begraben sah ich die den Toten, wo du es
Verboten. Hinterbring ich Klares, Deutlichs?
Kreon
Und wie ward sie gesehn und schuldig funden?

Bote
So war die Sache. Wie wir weggegangen
Von dir, als du Gewaltiges gedrohet,
So wischten allen Staub wir ab, der um
Den Toten, wohl den nassen Leib entblößend;
Und setzten uns auf hohen Hügel, an die Luft,
Daß er Geruch nicht von sich gebe, fürchtend.
Es regt' ein Mann den andern auf und drohte,
Wenn einer nicht die Arbeit achten würde.
Und lange blieb es so, bis auseinander brechend
Der Sonne Kreis sich bückte grad herab
Vom Äther, und der Brand erglühte. Plötzlich hub
Vom Boden dann ein warmer Sturm den Wirbel,
Der Himmlisches betrübt, das Feld erfüllt und reißt
Die Haare rings vom Wald des Tals, und voll ward
Davon der große Äther; wie verschlossen
Die Augen, hatten göttlich Weh, und als
Wir frei davon, in guter Zeit hernach,
So wird das Kind gesehn und weinet auf
Mit scharfer Stimme, wie ein Vogel trauert,
Wenn in dem leeren Nest, verwaist von Jungen, er
Das Lager sieht. So sie, da sie entblößt
Erblickt den Toten, jammerte sie laut auf,
Und fluchte böse Flüche, wers getan,
Und bringet Staub mit beiden Händen, schnell,
Und aus dem wohlgeschlagnen Eisenkruge kränzt
Sie dreimal mit Ergießungen den Toten.
Wir, dies gesehen, kamen, haschten sie,
Die nicht betroffen war, und klagten sie
Des jetzigen und Schongeschehnen an.

Sie leugnet aber nichts mir ab, und war
Lieblich zugleich und auch betrübt, vor mir.
Denn, daß man selbst entflieht aus Übeln, ist
Das angenehmste. Doch ins Unglück Freunde
Zu bringen, ist betrübt. Doch dieses alles
Ist kleiner, als mein eignes Heil zu nehmen.

Kreon
Du also, die zur Erde neigt das Haupt,
Sagst oder leugnest du, daß dus getan habst.

Antigone
Ich sage, daß ichs tat, und leugn es nicht.

Kreon
Du, gehe du, wohin du willst, hinaus,
Von schwerer Schuld befreit; sag aber du mir,
Nicht lange, aber kurz, ist dir bekannt,
Wie ausgerufen ward, daß solches nicht zu tun ist?

Antigone
Ich wußte das. Wie nicht? Es war ja deutlich.

Kreon
Was wagtest du, ein solch Gesetz zu brechen?

Antigone
Darum. Mein Zeus berichtete mirs nicht;
Noch hier im Haus das Recht der Todesgötter,
Das unter Menschen das Gesetz begrenzet;
Auch dacht ich nicht, es sei dein Ausgebot so sehr viel,
Daß eins, das sterben muß, die ungeschriebnen drüber,
Die festen Satzungen im Himmel brechen sollte.
Nicht heut und gestern nur, die leben immer,
Und niemand weiß, woher sie sind gekommen.

Drum wollt ich unter Himmlischen nicht, aus Furcht
Vor eines Manns Gedanken, Strafe wagen.
Ich wußte aber, daß ich sterben müßte.
Warum nicht? hättst dus auch nicht kundgetan.
Wenn aber vor der Zeit ich sterbe, sag ich, daß es
Sogar Gewinn ist. Wer, wie ich, viel lebt mit Übeln,
Bekommt doch wohl im Tod ein wenig Vorteil?
So ist es mir, auf solch Schicksal zu treffen,
Betrübnis nicht; wenn meiner Mutter Toten,
Als er gestorben, ich grablos gelassen hätte,
Das würde mich betrüben. Aber das
Betrübt mich gar nicht. Bin ich aber dir,
Wie ich es tat, nun auf die Närrin kommen,
War ich dem Narren fast Narrheit ein wenig schuldig.

Chor
Man sieht das rauh Geschlecht vom rauhen Vater
Am Kind! Allein beiseit im Übel kanns nicht.

Kreon
Doch weißt du wohl, daß allzuspröde Sprach
Am liebsten fällt. Und auch dem stärksten Eisen
Bricht und vergeht das Störrige, gekocht
Im Ofen. Alle Tage kannst du dies sehn.
Und kaum mit einem Zaume weiß ich, daß gestellt
Die grausamweitgestreckten Rosse werden.
Nicht seine Sach ists, groß zu denken, dem,
Der Diener derer ist, die ihn umgeben.
Die aber findet eine Lust aus, damit,
Daß sie die vorgeschriebenen Gesetze trüb macht.
Und das ist noch die zweite Frechheit, da

Sie es getan, daß dessen sie sich rühmt und lacht,
Daß sies getan. Nein! nun bin ich kein Mann,
Sie ein Mann aber, wenn ihr solche Kraft
Zukommet ungestraft. Doch wenn sie schon
Von meiner Schwester und Verwandtesten,
Vom ganzen Gotte meines Herdes da ist,
Dem allen ungeachtet meidet sie
Den schlimmen Tod nicht. Auch die Base nicht. Zu
teuerst,
Auch diese klag ich an, wie diese da,
Daß sie gesorget, des Verscharrens wegen.
Ruft sie heraus. Denn eben sah ich drinnen
Sie wüten, nicht der Sinne mächtig. Gleich
Will ein geheimer Mut gefangen sein,
Wenn etwas nicht ist rechtgetan im Dunkeln.
Gewiß, das haß ich, ist auf Schlimmem einer
Ertappt, wenn er daraus noch Schönes machen möchte.

Antigone

Willst du denn mehr, da du mich hast, als töten?

Kreon

Nichts will ich. Hab ich dies, so hab ich Alles.

Antigone

Was solls also? Von deinen Worten keins
Ist mir gefällig, kann niemals gefällig werden.
Drum sind die meinigen auch dir mißfällig.
Obwohl, woher hätt ich wohllautenderen Ruhm,
Als wenn ich in das Grab den Bruder lege.
Denn, daß es wohlgefall all diesen da,
Gestände, sperrete die Zunge nur die Furcht nicht.

Das Königtum ist aber überall
Geistreich und tut und sagt, was ihm beliebet.

Kreon
Siehst du allein dies von den Kadmiern?

Antigone
Auch diese sehns, doch halten sie das Maul dir.

Kreon
Schämst du dich nicht, die ungefragt zu deuten?

Antigone
Man ehrt doch wohl die Menschen eines Fleisches.

Kreon
Und eines Blutes noch auch ist, der fürs Land gestorben.

Antigone
Eins Blutes. Kind eins einigen Geschlechtes.

Kreon
Und du bringst doch Gottlosen einen Dank?

Antigone
Das läßt gewiß nicht gelten der Entschlafne.

Kreon
Freilich. Wenn dir als eins Gottloses gilt und anders.

Antigone
Nicht in des Knechtes Werk, ein Bruder ist er weiter.

Kreon
Verderbt hat der das Land; der ist dafür gestanden.

Antigone
Dennoch hat solch Gesetz die Totenwelt gern.

Kreon
Doch, Guten gleich sind Schlimme nicht zu nehmen.

Antigone
Wer weiß, da kann doch drunt ein andrer Brauch sein.

Kreon
Nie ist der Feind, auch wenn er tot ist, Freund.

Antigone
Aber gewiß. Zum Hasse nicht, zur Liebe bin ich.

Kreon
So geh hinunter, wenn du lieben willst,
Und liebe dort! mir herrscht kein Weib im Leben.

Zweite Szene

Chor Kreon Antigone Ismene

Chor
Aber jetzt kommt aus dem Tor Ismene,
Friedlich, schwesterliche Tränen vergießend.
Ein Geist über den Augenbrauen das blutige
Gesicht deckt,
Waschet rege von den Schläfen die Wangen.

Kreon
Ja! du! die du drin hockst, daheim, wie Schlangen,
Geborgen und mich aussaugst! hat nicht einer mir
Berichtet, daß ich zwei Einbildungen hab an mir
Und Feinde des Throns? geh, sage, hast du mit-
                                            gemacht
Am Grabe, oder hast dus mit der Unschuld?

Ismene
Getan das Werk hab ich, wenn die mit einstimmt,
Und nehme Teil. Die Schuld nehm ich auf mich.

Antigone
Das wird das Recht ja aber nicht erlauben.
Du wolltest nicht. Ich nahm dich nicht dazu mit.
Ismene
Ich schäme mich an deinem Unglück nicht,
Und mache zur Gefährtin mich im Leiden.
Antigone
Bei denen, die durchgängiger Weise sind,
Und die Gespräche halten miteinander, drunten,
Die mit den Worten liebt, die mag ich nicht.
Ismene
Bring so mich in Verdacht nicht, Schwester, wie als könnt
Ich sterben nie mit dir, des Grabs Unschick vergüten.
Antigone
Stirb du nicht allgemein. Was dich nicht angeht,
Das mache dein nicht. Mein Tod wird genug sein.
Ismene
Hab ich denn, wenn du weg, noch eine Lieb im Leben?
Antigone
Den Kreon, liebe den. Dem weisest du den Weg ja.
Ismene
Was plagest du mich, ohne Nutzen, so?
Antigone
Anfechtung ist es, wenn ich dich verlache.
Ismene
Was aber kann ich nützen dir, auch jetzt noch?
Antigone
Nütz dir. Das gönn ich dir, daß du mit hingehst.

Ismene
Ich Arme! weh! hab ich Schuld, daß du stirbst?

Antigone
Dein Teil ist ja das Leben, meines Tod.

Ismene
Doch was ich sprach zu dir, ist auch dabei doch.

Antigone
Das war auch schön. Doch so wollt ich gesinnt sein.

Ismene
Allein der Fehl ist für uns beide gleich.

Antigone
Sei guten Muts! du lebst, doch meine Seele,
Längst ist die tot, so daß ich Toten diene.

Kreon
Von diesen Weibern da, sag ich, wird eben da
Sinnlos die ein, einheimisch ists die andre.

Ismene
Es bleibt kein Herz, auch nicht das heimatliche
Im Übelstand, mein König, sondern außer sich gerät es.

Kreon
Dir, weil du schlimm mit Schlimmen dich gestellt.

Ismene
Mir lebt nichts, wo allein ich bin, nicht die auch.

Kreon
Die Red ist nicht von dieser. Die ist nimmer.

Ismene
Du tötest aber deines Sohnes Braut.

Kreon
Von anderen gefallen auch die Weiber.

Ismene
Es schickte keine sich, wie er und sie.

Kreon
Vor bösen Weibern warn ich meine Söhne.

Antigone
O liebster Hämon! Wie entehrt er dich!

Kreon
Gar lästig bist du auch, du und dein Bette.

Ismene
Dem nimmst du sie, der deines Lebens Teil ist.

Kreon
Die Höll ist da, derlei Zuwachs zu scheiden.

Ismene
Beschlossen scheint es, daß sie sterben soll.

Kreon
Für dich und mich! Umstände nimmer! bringt
Hinein, ihr Mägde, sie! Von nun an not ist,
Daß diese Weiber sein nicht freigelassen.
Dann Flucht ist auch der Starken Art, wenn ihnen
Der Hölle Reich aufgeht am Rand des Lebens.
Antigone und Ismene werden weggeführt

DRITTER AKT

Chor der Thebanischen Alten
Glückselige solcher Zeit, da man nicht schmecket das
Übel!

Denn, wenn sich reget von Himmlischen
Einmal ein Haus, fehlts dem an Wahnsinn nicht,
In der Folge, wenn es
Sich mehrt. Denn gleich, wenn unten
Auf Pontischer See, bei übelwehenden
Thrazischen Winden, die Nacht unter dem Salze
Eine Hütte befallen,
Von Grund aus wälzt sie das dunkle
Gestad um, das zerzauste,
Und von Gestöhne rauschen die geschlagnen Ufer.

Alternd von Labdakos Häusern,
Den untergegangenen, seh ich Ruin fallen
Auf Ruin; nicht löset ab ein Geschlecht
Das andre, sondern es schlägt
Ein Gott es nieder. Und nicht Erlösung hat er.
Denn jetzt ist über die letzte
Wurzel gerichtet das Licht
In Ödipus Häusern.
Und der tötliche, der Staub
Der Todesgötter zehret sie auf,
Und ungehaltnes Wort und der Sinne Wüten.

Vater der Erde, deine Macht,
Von Männern wer mag die mit Übertreiben erreichen?
Die nimmt der Schlaf, dem alles versinket, nicht
Und die stürmischen, die Monde der Geister
In alterloser Zeit; ein Reicher,
Behältst des Olympos
Marmornen Glanz du,

Und das Nächste und Künftige
Und Vergangne besorgst du.
Doch wohl auch Wahnsinn kostet
Bei Sterblichen im Leben
Solch ein gesetztes Denken.

Die Hoffnung lebet, ruhlos irrend,
Und vielen Männern hilft sie,
Täuscht Vieler leichte Sinne.
Bleibt, bis dem, der an nichts denkt,
Die Sohle brennet von heißem Feuer.
Aus eines Mannes Weisheit ist
Ein rühmlich Wort gekommen:
Das Schlimme scheint oft trefflich
Vor einem, sobald ein Gott
Zu Wahn den Sinn hintreibet.
Er treibets aber die wenigste Zeit
Gescheuet, ohne Wahnsinn.

Hämon kommt hier, von deinen Söhnen
Der Jüngstgeborene; bekümmert ist der,
Daß untergehen soll Antigone,
Die junge Frau, die hochzeitliche,
Vom tückischen Bett erkranket.

Erste Szene
Kreon Hämon Chor

Kreon
Bald haben wohl, o Sohn, mehr, als die Seher,
Wir endliche Entscheidung. Schließest du dein Ohr mir,

Der jungen Frau zu lieb, und kommst mit Wut zum
                                                Vater?
Sag oder bleibst du mir in allem meinem Handeln.

Hämon

Vater, dein bin ich. Milde Denkart hast du,
Richtest mir recht. Da mag ich gern dir folgen.
Denn so viel schätz ich keine Hochzeit nicht,
Daß sie mir lieber, als dein Glück im Herrschen.

Kreon

Wohl, Sohn. So auch muß in der Brust es sein,
Daß väterlicher Meinung alles nachgeht.
Darum auch wünschete zuerst der Mann
Ein fromm Geschlecht, und häuslich zu gewohnen,
Daß es mit Schaden fern hält einen Feind,
Den Freund hingegen ehrt, so wie den Vater.
Wenn aber untaugliche Kinder einer zeugt,
Von dem sprichst du auch wohl nichts anderes,
Als daß er Mühe nur sich selbst, und viel
Gelächter für die Feinde sich gezeuget.
Wirf darum jetzt, o Sohn, des Weibes wegen nicht
Aus Lust die Sinne weg, und denke, daß
Das eine frostige Umarmung wird,
Ein böses Haus beiwohnend in den Häusern.
Auf Erden was schlägt mißlichere Beulen,
Als schlimme Freund? Acht aber du das gleich
Gottlosen! laß das Mädchen einen frein
Beim Höllengott! denn offenbar hab ich
Getroffen sie, daß von der ganzen Stadt
Sie untreu war allein; und darf jetzt nicht als Lügner

Bestehen vor der Stadt, und muß sie töten.
Mag dann sie das wegsingen bei dem Bruder.
Verdirbt das Eingeborne, nähr ich fremd Geschlecht.
Denn wer im Angehörigen nur gut ist,
Erscheint auch in der Stadt als ein Gerechter.
Wer aber übertretend den Gesetzen
Gewalt will antun, oder Herrscher meistern,
Von mir kann dem nicht wohl ein Lob zufallen.
Wen aber eine Stadt hat eingesetzt,
Dem soll man kleines, rechtes, ungereimtes hören.
Und dieser Mann, ich glaube das, er wird
Wohl herrschen, wird auch gute Herrschaft wollen,
Und in der Speere Stürmen angestellt,
Wird ein gerechter Helfer der und trefflich bleiben.
Denn herrnlos sein, kein größer Übel gibt es.
Denn das verderbet Städte, das empört
Die Häuser, das reißt Lücken im Speergefecht.
Die aber recht gerichtet sind, bei denen
Erhält die Obrigkeit die vielen Körper.
So sichre du, die eine Welt dir bilden,
Und weiche nie dem Weib, in keinem Dinge.
Denn mehr gilts, muß es sein, mit einem Mann zu fallen,
Das nimmer wir genannt sein hinter Weibern!

Chor
Uns, wenn uns nicht im Finstern hält die Zeit,
Scheint das mit Sinn gesagt, wovon du redest.

Hämon
Als wie von Gott, himmlisch kommt die Besinnung,
Mein Vater, die auch ist von allem Gut das beste.

Mein eigen Leben aber kann es nicht,
Weiß auch nicht, ob du recht geredt, zu sagen.
Mag andern zu das Schöne ziehn, von nun an,
Für dich war ich am Leben, zu beschauen,
Was einer sagt und tut und tadelt, alles.
Von dir das Auge wäre für das Volk,
Für Worte, die du gern nicht hörst, zu furchtbar.
Mir aber ward, zu hören das Vertrauen,
Und wie die Stadt voll ist von Trauer um die Jungfrau.
›Die soll, die unschuldigste von den Weibern,
So schlecht vergehn ob dem, was sehr ruhmvoll ge-
                                      tan war?
Die ihren Bruder, der in Mord gefallen,
Vom unbarmherzgen Hunde grablos wollte
Nicht fressen lassen, noch der Vögel einem:
Soll eine solche goldnen Ruhms nicht wert sein?‹
So finster ingeheim kommt das Gerücht uns.
Wenn dir es aber wohl von statten geht,
Mein Vater, drüber geht kein Eigentum mir.
Wenn ja der Vater blüht, was steht dann Kindern
Von gutem Rufe gottesähnlicher,
Als kindliches Betragen vor dem Vater?
Und hege nur in dir jetzt keine eigne Sitte,
Und sage nicht, du habest recht, kein andrer.
Denn wer allein hält von sich selbst, er habe
Gedanken nicht und Sprach und Seele, wie ein andrer,
Wenn aufgeschlossen würd ein solcher Mensch,
Erschien er leer. An einem Manne aber,
Wenn irgendwo ein Weiser ist, ists keine Schande,
Viel lernen, und nichts gar zu weit zu treiben.

Sieh, wie am Regenbache, der vorbeistürzt,
Die Bäume all ausweichen; alle denen
Erwärmet ihr Gezweig; die aber gegenstreben,
Sind gleich hin; sonst auch, wenn ein habhaft Schiff
Sich breit macht, und nicht weichen will in etwas,
Rücklings hinunter von den Ruderbänken
Muß das zuletzt den Weg und gehet scheitern.
Gib nach, da wo der Geist ist, schenk uns Ändrung.
Und wenn im Wort hier aus mir selber auch
Dabei ist eine jugendliche Meinung,
Ist alten Geists ein Mann, voll in vollkommnem Wissen;
Ist dieser nicht dabei, denn selten will es so gehn,
So ist von Worten auch, die gut sind, gut zu lernen.
Chor
Mein König, billig ist es, wenn er an der Zeit spricht,
Zu lernen, aber du von dem auch. Denn
Mit zweien Stimmen wurde recht gesprochen.
Kreon
Da ich so alt bin, will ich meinetwegen
Auch lernen denken in der Art von dem hier.
Hämon
Niemals beleidigen! Bin ich ein junger Mensch,
Muß man nicht auf die Zeit mehr, als die Tat sehn.
Kreon
Ists Tat, dem huldigen, was gegen eine Welt ist?
Hämon
Mein Rat ists nicht, an Bösen Frömmigkeit zu üben.
Kreon
Ist nicht die hier in solcher Krankheit troffen?

Hämon
So nicht spricht dies genachbarte Volk Thebes.

Kreon
Der Ort sagt mir wohl, was ich ordnen muß.

Hämon
O sieh nun auf, allda, wie das verwegen jung klingt.

Kreon
Und wohl ein anderer soll Herr sein in dem Lande?

Hämon
Es ist kein rechter Ort nicht auch, der eines Manns ist.

Kreon
Wird nicht gesagt, es sei die Stadt des Herrschers?

Hämon
Ein rechter Herrscher wärst allein du in der Wildnis.

Kreon
Der, scheints, ist von dem Weib ein Waffenbruder.

Hämon
Wenn du das Weib bist. Deinetwillen sorg ich.

Kreon
O schlecht! schlecht! ins Gericht gehn mit dem Vater.

Hämon
Weil ich nicht seh, wie du das Recht anlügest.

Kreon
Wenn meinem Uranfang ich treu beistehe, lüg ich?

Hämon
Das bist du nicht, hältst du nicht heilig Gottes Namen.

Kreon
O schamlos Wesen, schlechter, als das Weib.

Hämon
Nicht wirst du wohl mich finden hinter Schlechtem.

Kreon
Und so bis hieher setzest du dich ihr zu Lieb aus?

Hämon
Ihr, dir und mir zu Lieb, und Todesgöttern.

Kreon
Schon ist es nicht mehr Zeit, daß du sie nehmest lebend.

Hämon
So sterbe sie, verderbe sterbend einen.

Kreon
Ist es heraus? wie frech noch nach der Zornlust!

Hämon
Das ist für einen leeren Sinn sie freilich.

Kreon
Wein und besinne dich! leersinnig kannst auch du sein.

Hämon
Wärst du es selbst nicht, hielt ich dich für treulos.

Kreon
Schöntun, des Weibes Werk, betöre mich nicht!

Hämon
Du möchtest etwas sagen, hören nichts.

Kreon
So ist es. Doch beim Himmel meiner Väter!
So nach Gelust sollst du nicht kränken mich mit Tadel.
Schafft weg die Brut, vor Augen soll sie, gleich,
In Gegenwart, hart an dem Bräutigam, sterben.

Hämon
Nicht wahrlich mir. Das lasse nie dir dünken.
Nicht untergehn wird diese, nahe mir.
Und nimmer sollst du sehn mein Haupt vor Augen,
Damit du ungestört mit denen bleibst, die dein sind.
Hämon geht ab
Chor
Der Mann, mein König, ging im Zorne schnell,
Ein solch Gemüt ist aber schwer im Leiden.
Kreon
Er tu es! denke größer, als ein Mann!
Doch rettet er vom Tode nicht die Mädchen.
Chor
Denkst du sogar zu töten diese beiden?
Kreon
Nicht die, dies nicht berührt; da hast du Recht.
Chor
Und denkst du über jene nach, wie willst du töten?
Kreon
Sie führen, wo einsam der Menschen Spur ist,
Lebendig in dem Felsengrunde wahren,
So viele Nahrung reichen, als sich schickt,
Daß nicht die Stadt zu Schanden werde, vollends.
Dort wird sie wohl zum Todesgotte beten,
Den sie allein von allen Göttern ehrt,
Und werden kann ihrs, daß sie nimmer stirbt.
So wird sie einsehn, aber geisterweise:
Es sei doch Überfluß nur, Totes ehren.
Kreon gehet hinein

Zweite Szene
Chor *Hernach* Antigone

Chor
Geist der Liebe, dennoch Sieger
Immer, in Streit! Du Friedensgeist, der über
Gewerb einnicket, und über zärtlicher Wange bei
Der Jungfrau übernachtet,
Und schwebet über Wassern,
Und Häusern, in dem Freien.
Fast auch Unsterblicher Herz zerbricht
Dir und entschlafender Menschen, und es ist,
Wers an sich hat, nicht bei sich. Denn
Du machest scheu der Gerechten
Unrechtere Sinne, daß in die Schmach weg
Sie flüchten, hältst dich hier auf, im Männerzank,
Im blutsverwandten, und wirfst es untereinander.
Und nie zu Schanden wird es,
Der Mächtigbittende,
Am Augenlide der hochzeitlichen
Jungfrau, im Anbeginne dem Werden großer
Verständigungen gesellet. Unkriegerisch spielt nämlich
Die göttliche Schönheit mit.
Jetzt aber komm ich, eben, selber, aus
Dem Gesetze. Denn ansehn muß ich dies, und halten
                                          kann ich
Nicht mehr die Quelle der Tränen,
Da in das alles schweigende Bett
Ich seh Antigone wandeln.

Antigone
Seht, ihr des Vaterlandes Bürger,

Den letzten Weg gehn mich,
Und das letzte Licht
Anschauen der Sonne.
Und nie das wieder? Der alles schweigende Todes-
                                                gott,
Lebendig führt er mich
Zu des Acherons Ufer, und nicht zu Hymenäen
Berufen bin ich, noch ein bräutlicher singt
Mich, irgend ein Lobgesang, dagegen
Dem Acheron bin ich vermählt.

Chor
Gehst du bekannt doch und geleitet mit Lob
Hinweg in diese Kammer der Toten.
Verderbend trifft dich, Krankheit nicht,
Nicht für das Schwert empfängst du Handlohn.
Dein eigen Leben lebend, unter
Den Sterblichen einzig,
Gehst du hinab, in die Welt der Toten.

Antigone
Ich habe gehört, der Wüste gleich sei worden
Die Lebensreiche, Phrygische,
Von Tantalos im Schoße gezogen, an Sipylos Gipfel;
Höckricht sei worden die und, wie eins Efeuketten
Antut, in langsamen Fels
Zusammengezogen; und immerhin bei ihr,
Wie Männer sagen, bleibt der Winter,
Und waschet den Hals ihr unter
Schneehellen Tränen der Wimpern. Recht der gleich
Bringt mich ein Geist zu Bette.

Chor
Doch heilig gesprochen, heilig gezeuget
Ist die, wir aber Erd und irdisch gezeuget.
Vergehst du gleich, doch ist ein Großes, zu hören,
Du habst, Gottgleichen gleich, empfangen ein Los,
Lebendig und dann gestorben.

Antigone
Weh! Närrisch machen sie mich. Warum,
Bei Vaterlandsschutzgeistern, überhebest du
Dich mein, die noch nicht untergegangen,
Die noch am Tag ist.
O Stadt, o aus der Stadt
Ihr vielbegüterten Männer!
Io, ihr Dirzäischen Quellen!
Um Thebe rings, wo die Wagen
Hochziehen, o ihr Wälder! Doch, doch müßt
Ihr mir bezeugen, einst, wie unbeweinet
Von Lieben und nach was für
Gesetzen in die gegrabene Kluft ich,
Ins unerhörte Grab muß.
Io! ich Arme!
Nicht unter Sterblichen, nicht unter Toten.

Chor
Mitwohnend Lebenden nicht und nicht Gestorbnen.
Forttreibend bis zur Scheide der Kühnheit,
Bis auf die Höhe des Rechts,
Bist du, o Kind, wohl tief gefallen,
Stirbst aber väterlichen Kampf.

Antigone
Die zornigste hast du angereget.
Der lieben Sorgen,
Die vielfache Weheklage des Vaters
Und alles
Unseres Schicksals,
Uns rühmlichen Labdakiden.
Io! du mütterlicher Wahn
In den Betten, ihr Umarmungen, selbstgebärend,
Mit meinem Vater, von unglücklicher Mutter,
Von denen einmal ich Trübsinnige kam,
Zu denen ich im Fluche
Mannlos zu wohnen komme.
Io! Io! mein Bruder!
In gefährlicher Hochzeit gefallen!
Mich auch, die nur noch da war,
Ziehst sterbend du mit hinab.
Chor
Zu ehren ist von Gottesfurcht
Etwas. Macht aber, wo es die gilt,
Die weichet nicht. Dich hat verderbt
Das zornige Selbsterkennen.
Antigone
Unbeweinet und ohne Freund und ehlos
Werd ich Trübsinnige geführet
Diesen bereiteten Weg. Mir ists nicht
Gebrauch mehr, dieser Leuchte heiliges Auge
Zu sehn, mir Armen. Und dies
Mein Geschick, das tränenlose,
Betrauert, liebet niemand.

Dritte Szene
Kreon Antigone Chor
Kreon
Ihr wisset, keines läßt das Singen und das Heulen
In Todesnot, so lang man hin und her spricht.
Führt sie gleich weg, und mit der Gruft, der dunklen,
Umschattet ihr sie, wie gesagt; dort laßt sie ruhn
Einsam allein; mag sie nun sterben müssen,
Mag lebend unter solchem Dache zehren.
Denn wir sind rein, was dieses Mädchen angeht,
Die Häuslichkeit hier oben aber fehlt ihr.
Antigone
O Grab! o Brautbett! unterirdische
Behausung, immerwach! Da werd ich reisen
Den Meinen zu, von denen zu den Toten
Die meiste Zahl, nachdem sie weiter gangen,
Zornigmitleidig dort ein Licht begrüßt hat;
Von denen ich, die Letzte, nun am Schlimmsten
In weiter Welt vergehen muß, ehe mir
Des Lebens Grenze kommt. Doch komm ich an,
So nähr ich das mit Hoffnungen gar sehr,
Daß lieb ich kommen werde für den Vater,
Auch dir lieb, meine Mutter! lieb auch dir,
Du brüderliches Haupt! Denn als ihr starbt,
Hab ich genommen euch mit eigner Hand,
Und ausgeschmückt, und über eurem Grabe
Trankopfer euch gebracht. Nun, Polynikes,
Indem ich decke deinen Leib, erlang ich dies,
Obgleich ich dich geehrt, vor Wohlgesinnten.
Nie nämlich, weder, wenn ich Mutter

Von Kindern wäre, oder ein Gemahl
Im Tode sich verzehret, hätt ich mit Gewalt,
Als wollt ich einen Aufstand, dies errungen.
Und welchem Gesetze sag ich dies zu Dank?
Wär ein Gemahl gestorben, gäb es andre,
Und auch ein Kind von einem andern Manne,
Wenn diesen ich umarmt. Wenn aber Mutter
Und Vater schläft, im Ort der Toten beides,
Stehts nicht, als wüchs ein andrer Bruder wieder.
Nach solchem Gesetze hab ich dich geehrt,
Dem Kreon aber schien es eine Sünde,
Und sehr gewagt, o brüderliches Haupt!
Und jetzt führt er mich weg, mit Händen so mich greifend,
Mich ohne Bett und Hochzeit; noch der Ehe Teil
Hab ich empfangen, noch ein Kind zu nähren.
Doch einsam so von Lieben, unglückselig,
Lebendig in die Wildnis der Gestorbnen
Komm ich hinab. Welch Recht der Geister über-
            tretend?
Was soll ich Arme noch zu himmlischen
Gewalten schaun? Wen singen der Waffengenossen?
Da ich Gottlosigkeit aus Frömmigkeit empfangen.
Doch wenn nun dieses schön ist vor den Göttern,
So leiden wir und bitten ab, was wir
Gesündiget. Wenn aber diese fehlen,
So mögen sie nicht größer Unglück leiden,
Als sie bewirken offenbar an mir.
Chor
Noch von denselben Stürmen hat
Sie noch dieselben Stöße in der Seele.

Kreon
Deswegen werden denen, die sie führen,
Tränen kommen, des Aufschubs wegen.
Antigone
O mir! grad vor dem Tode
Ist dies das Wort.
Kreon
Ich rate, nichts zu wagen,
Nichts derlei dieser zuzusprechen.
Kreon geht ab

VIERTER AKT

Erste Szene

Antigone Chor

Antigone
O des Landes Thebes väterliche Stadt,
Ihr guten Geister alle, den Vätern geworden,
Also werd ich geführt und weile nicht mehr?
Seht übrig von den anderen allen
Die Königin, Thebes Herrn! welch eine
Gebühr ich leide von gebührigen Männern,
Die ich gefangen in Gottesfurcht bin.
Chor
Der Leib auch Danaes mußte,
Statt himmlichen Lichts, in Geduld
Das eiserne Gitter haben.
Im Dunkel lag sie
In der Totenkammer, in Fesseln;
Obgleich von Geschlecht adlig, o Kind!

Sie zählete dem Vater der Zeit
Die Stundenschläge, die goldnen.

Aber des Schicksals ist furchtbar die Kraft.
Der Regen nicht, der Schlachtgeist
Und der Turm nicht, und die meerumrauschten
Fliehn sie, die schwarzen Schiffe.
Und gehascht ward zornig behend Dryas Sohn,
Der Edonen König in begeistertem Schimpf
Von Dionysos, von den stürzenden
Steinhaufen gedecket.
Den Wahnsinn weint' er so fast aus,
Und den blühenden Zorn. Und kennen lernt' er,
Im Wahnsinn tastend, den Gott, mit schimpfender Zunge
Denn stocken macht' er die Weiber,
Des Gottes voll, und das evische Feuer,
Und die flötenliebenden
Reizt' er, die Musen.

Bei himmelblauen Felsen aber, wo
An beiden Enden Meer ist,
Dort sind des Bosporos Ufer
Und der Busen Salmidessos,
Der Thraziern gehöret; daselbst sah, nahe
Der Stadt, der Schlachtgeist zu, als beiden
Phineiden ward die Wunde der Blindheit
Vom wilden Weibe gestoßen,
Und finster wards in den mutwilligen Augenzirkeln,
Vom Speeren Stiche, unter
Blutigen Händen und Nadelspitzen.

Und verschmachtend, die Armen weinten
Das arme Leiden der Mutter; sie hatten
Ehlosen Ursprung; jene aber war
Vom Samen der altentsprungenen
Erechtheiden.
In fernewandelnden Grotten
Ernährt ward sie, in Stürmen des Vaters, die Boreade,
Zu Rossen gesellt, auf gradem Hügel,
Der Götter Kind. Doch auch auf jener
Das große Schicksal ruhte, Kind!
  Antigone wird weggeführt

Zweite Szene
Tiresias Kreon

Tiresias
(von einem Knaben geführt)
Ihr Fürsten Thebes! miteinander kommen
Des Weges wir, durch Einen beide sehend.
Wir Blinden gehen mit Wegweisern so des Weges.
Kreon
Was gibt es Neues, Greis Tiresias?
Tiresias
Ich will es sagen, höre du den Seher.
Kreon
Auch war ich sonst von deinem Sinn nicht ferne.
Tiresias
Drum steuerst du gerad auch mit der Stadt.
Kreon
Erfahren hab ich Nützliches und zeug es.

Tiresias
Auch jetzt im zarten Augenblicke denke.

Kreon
Was ist es denn? Furchtbar ist dieser Mund mir.

Tiresias
Du weißt es, hörst die Zeichen meiner Kunst.
Denn auf dem alten Stuhle, Vögel schauend,
Saß ich, wo vor mir war ein Hafen aller Vögel,
Da hört ich unbekannt von denen ein Geschrei,
Mit üblem Wüten schrien sie und wild,
Und zerrten mit den Klauen sich einander,
In Mord, das merkt ich, denn nicht unverständlich
                                                                  war
Der Flügel Sausen. Schnell befürchtet ich,
Und kostete die Flamm, auf allentzündeten
Altären. Aber aus den Opfern leuchtet'
Hephästos nicht. Hingegen aus der Asche
Der nasse Geruch verzehrte die Hüften,
Und raucht' und wälzte sich, und hoher Zorn ward
Umhergesäet, und die benetzten Hüften
Sahn offen aus dem Fett, das sie bedeckte.
Die hab ich von dem Knaben hier erfahren,
Der zeichenlosen Orgien tödliche Erklärung.
Denn dieser ist mir Führer, andern ich.
Und dies. Nach deinem Sinn erkrankt die Stadt.
Denn die Altäre sind und Feuerstellen
Voll von dem Fraß der Vögel und des Hunds,
Vom unschicklich gefallnen Sohn des Ödipus.
Und nicht mehr nehmen auf beim Opfer das Gebet

Von uns die Götter, noch der Hüften Flamme;
Noch rauscht der Vögel wohlbedeutendes
Geschrei her; denn es hat von totem Menschenblut
Das Fett gegessen. Das bedenke nun, o Kind!
Denn allen Menschen ists gemein, zu fehlen.
Wenn aber einer fehlt, der Mann ist eben
Nicht ungescheut und nicht ein Unglückselger,
Wenn er, gefallen in ein Übel, heilen
Sich lässet und nicht unbeweglich bleibet.
Denn Eigendünkel zeiget Grobheit an.
Weich du dem Toten und verfolge nicht
Den, der dahin ist. Welche Kraft ist das,
Zu töten Tote? Gut für dich gesinnt,
Sag ich es gut. Zu lernen ist erfreulich,
Spricht einer gut, und nützet, was er saget

Kreon

O Alter! alle, wie auf eines Schützen Ziel,
Zielt ihr auf unser einen. Ungeschult nicht bin
Von eurer Art ich in der Seherkunst nicht;
Verkauft bin ich seit langem und betrogen.
Gewinnet! Kauft von Sardes das Electrum,
Wenn ihr es wollt, und Gold von Indien,
Doch in dem Grabe berget ihr nicht jenen,
Nicht, wenn der Donnervogel zuckend ihn,
Vor Gottes Thron, als Speise tragen wollte.
Des ungeachtet laß ich, der Krankheiten nicht
Des Himmels fürchtet, nicht ein Grab dem Manne.
Gott regt kein Mensch an, dieses weiß ich.
Es fallen aber, Greis Tiresias,
Von Sterblichen auch sehr Gewaltige,

Sehr wüsten Fall, wenn solche Worte sie,
Die wüst sind, schön aussprechen, Vorteils wegen.

Tiresias
Ach! weiß es jemand! ists gesprochen irgend?

Kreon
Was gibts? was sagst du dieses Allgemeine?

Tiresias
Um wie viel gilt jetzt mehr Gutmütigkeit, als Wohlsein?

Kreon
So viel, denk ich, nicht denken, viel Verlust ist.

Tiresias
Von dieser Krankheit aber bist du voll.

Kreon
Ich will dem Seher schlimm nicht widersprechen.

Tiresias
So sprichst du, da du sagst, ich prophezeie fälschlich.

Kreon
Die Seherart liebt nämlich all das Silber.

Tiresias
Tyrannenart liebt schändlichen Gewinn.

Kreon
Weißt du, daß Feldherrn sind, wozu du redest?

Tiresias
Das weiß ich. Denn durch mich erhieltest diese Stadt du.

Kreon
Ein weiser Seher bist du, liebtest dennoch Unrecht.

Tiresias
Aufregen wirst du mich, das, was noch unerschüttert
Von meinen Gedanken ist, herauszusagen.

Kreon
Erschüttr es! Nur sprich Vorteils wegen nicht!

Tiresias
Schein ich so sehr dein Teil zu sein auch jetzt noch?

Kreon
Du wirst nicht täuschen meinen Sinn, das wisse!

Tiresias
Wiß aber du, nicht lange Zeit mehr brütest
In eifersüchtger Sonne du, von nun an;
Denn bald aus deinem Eingeweide zahlst
Du selber einen Toten für die Toten,
Für die, die du von oben warfst hinunter,
Und deren Seele schmählich du im Grabe
Zu wohnen hast gesandt. Von unten hast
Auch oben einen du, den schicksallosen,
Den unbegrabenen, unheiligen Toten
Des Todesgotts, der weder dich, noch obre Götter
Angehet, aber du brauchst so Gewalt.
Und darum lauern wunderlich verderblich
Im Jenseits dir die Spötter und die Richterinnen
Der Götter, also, daß da in denselben Übeln
Du troffen werdest, und betrachte das,
Ob ich das dumm von Silber spreche. Denn es kommt,
Nicht lange Zeit mehr ists, von Männern, Weibern
In deinen Häusern eine Weheklage.
In Mißverstand muß aber jede Stadt

Vergehen, deren Leichname zur Ruhe
Die Hund und wilden Tiere bringen, oder wenn
Mit Fittichen ein Vogel mit unheiligem
Geruche zum gesetzten Herd der Stadt kommt.
So stehts mit dir. Verdrossen bist du freilich;
Als wie ein Schütze sandt ich aus dem Mute
Des Herzens Pfeile fest. Und ihrer Wärme
Entgehst du nicht! O Kind! du aber führ uns
Hinweg ins Haus, daß dieser seinen Mut
Auslasse gegen Jüngere! Und lernen
Mag er, die Zunge stiller zu gewöhnen,
Und besser sein Gemüt gesinnt, denns jetzt ist.
Tiresias geht ab

Dritte Szene

Chor Kreon

Chor
Der Mann, mein König, ging viel prophezeiend,
Wir wissen aber, seit wir mit dem weißen
Das schwarze Haar vertauschet, wie du siehst,
Daß nie er Lügen in der Stadt gebrauchet.

Kreon
Ich weiß es selbst, und bin verwirrt im Sinn;
Denn weichen, ist ein Großes. Doch wenn einer
Mit Wahn mir auf den Mut tritt, wird das schwierig.

Chor
Es brauchet guten Rat, Kreon, Menökeus Sohn!

Kreon
Was ist zu tun? Sag es, ich will dir folgen.

Chor
Komm, laß die Jungfrau aus dem Felsenhause,
Und schaff ein Grab dem, welcher draußen liegt.

Kreon
Du lobest dies und scheinst es gutzuheißen.

Chor
So schnell, mein König, als es möglich ist;
Denn in die Kürze faßt den Schlimmgesinnten
Die schnellgefüßte Züchtigung der Götter.

Kreon
O mir. Kaum mag ich, denn mir fehlt das Herz
Dazu; doch mit der Not ist nicht zu streiten.

Chor
Tu nun dies. Komm! Komm nun nicht mehr auf anders.

Kreon
So wie ich bin, will ich hinweggehn. Diener!
Abwesend, gegenwärtig! nehmt zur Hand
Die Beil und eilt zum Orte, den ihr sehet.
Ich aber, weil für die sich kehrt die Meinung,
Und ich sie selbst band, will auch selbst sie lösen.
Ich fürcht, es ist am Besten, zu erhalten
Bestehendes Gesetz und so zu enden.

FÜNFTER AKT
Chor der Thebanischen Alten

Namenschöpfer, der du von den Wassern, welche Kadmos
Geliebet, der Stolz bist, und des, der im Echo donnert,

Ein Teil, des Vaters der Erd,
Und Italia in Wachstum weit umschweifst,
Die allbekannt ist. Allen gemein
Ist aber Undurchdringliches; denn auch waltest
Im Schoße du, zu Eleusis.
Hier aber, Freudengott,
In der Mutterstadt, der bacchantischen,
In Thebe wohnest du, an Ismenos kaltem Bach,
An den Zäunen, wo den Odem
Das Maul des Drachen haschet.
Der Opferrauch, der wohlgestalt ist über
Des Felses Schultern, hat dich gesehen; am
Kozytus, wo die Wasser
Bacchantisch fallen, und
Kastalias Wald auch.
Und unter Nysseischen Bergen regen
Fernhorchend Brunnen dich auf,
Und grün Gestad,
Voll Trauben hängend,
Nach Thebes
Unsterblichen Worten zu gehn,
In die Gassen, da sie frohlockten.
Denn die ehrst du vor allen
Als höchste der Städte
Mit der blitzgetroffenen Mutter.

Jetzt aber, da von gewaltiger
Krankheit die ganze Stadt
Ist befangen, müssen wir
Der Buße Schritte gehen über

Den Parnassischen Hügel oder
Die seufzende Furt.
Io! du! in Feuer wandelnd!
Chorführer der Gestirn und geheimer
Reden Bewahrer!
Sohn, Zeus Geburt!
Werd offenbar! mit den Naxischen
Zugleich, den wachenden
Thyaden, die wahnsinnig
Dir Chor singen, dem jauchzenden Herrn.

Erste Szene
Ein Bote Chor *Hernach* Eurydice
Bote
O ihr des Kadmos Nachbarn und Amphions,
Es steht nicht so, daß ich des Menschen Leben,
Wies auch verfaßt sei, loben möcht und tadeln.
Undenklichs hebt, Undenklichs stürzet nämlich
Allzeit den Glücklichen und den Unglücklichen.
Kein Sehergeist erreicht nicht das, was da ist.
So war sonst Kreon mir beneidenswert,
Da er von Feinden rettete das Land
Des Kadmos und allein Herrschaft gewann
In dieser Gegend, und regiert' und blüht'
In wohlgeborner Saat von Kindern. Nun
Geht alles hin. Das Angenehme nämlich,
Das untreu wird, halt ich des Mannes unwert.
Reich, wenn du willst, ist er im Hause sehr,
Und lebet in tyrannischer Gestalt.
Doch wenn von dem weggeht die Freude, möcht

Um eines Rauches Schatten ich das andre nicht
Als angenehm für einen Mann verkaufen.
Chor
Wie kommt dir denn vom Fürsten diese Klage?
Bote
Gestorben sind sie. Schuldig sind, die leben.
Chor
Und welcher tötet? welcher liegt? sag an!
Bote
Hämon ist hin, von eignen Händen blutend.
Chor
Was? von des Vaters oder eigner Hand?
Bote
Er selbst. Dem Vater zürnt' in seinem Mord er.
Chor
Wie führtest du ein richtig Wort, o Seher!
Bote
So steht es. Anderes ist zu bedenken.
Chor
Ich seh, Eurydice, die unglückliche,
Die Frau des Kreon eben. Ob im Hause sies
Gehört hat, oder da aus Zufall ist?
Eurydice
O all ihr Bürger! eine Rede merkt ich,
Da ich zur Pforte ging der Göttin Pallas,
Damit ich käm und mit Gebet anspräche.
Da tu ich eben auf des Tores Riegel;
Es öffnet sich, und eine Stimme trifft

Von Unglück in dem Hause mich durchs Ohr.
Rücklings fall ich in Furcht auf meine Mägde,
In Unmacht. Aber welch Gerücht es war,
Sagt es noch einmal mir. Ich werde, nicht
In Übeln unerfahren, es vernehmen.
Bote
Ich, liebe Frau, sag es, als Augenzeuge,
Kein Wort der Wahrheit laß ich ungesagt,
Was sollt ich nämlich dich besänftigen,
Wenn ich nachher als Lügner dir erschiene?
Gerad ist immerhin die Wahrheit. Ich
Bin als Gefährte deinem Herrn gefolgt,
Zum hohen Felde, wo, vom Hund zerfleischt,
Der arme Leichnam lag des Polynikes.
Enodia, die Göttin bitten wir,
Und Pluto, wohlgesinnten Zorn zu halten,
Bereiten heilig Bad, und legen ihn
In frische Zweige, so viel übrig war,
Und einen Hügel mit geradem Haupt
Erbauten wir von heimatlicher Erde.
Und gingen dann zum hohlen, steinerbauten,
Nach Toter Art, vermählten Bett der Jungfrau.
Es höret aber einer eine Stimme
Und laute Klage rufen in der Kammer,
Und nahet sich und deutet Kreon sie
Dem Herrn an. Und wie der ging, umgab
Ihn merkbarer die dunkle, müheselge Stimme
Dann schrie er auf, nah dran, und übel klagend
Sprach er das Wort, das ärmlich klagende:
  Bin ich Wahrsager mir? geh ich den unglücklichsten

Wirklich der Wege, welche kommen können?
Mich rührt des Kindes Stimme. Doch, ihr Diener,
Geht schnell hinzu, zum Grab und seht genau
Den Riegel an, der aus der Mauer ist gerissen,
Geht in die Türe selbst hinein und sehet,
Ob ich des Hämons Stimme höre, oder
Göttlich getäuscht bin.‹ Des geängsteten
Herrn Wort nach forschen wir. Darauf
Zu hinterst in den Gräbern sehen wir
Am Nacken hängend sie, am Gürtelbande
Des Leinenkleids herab; und ihn, rundum
Um sie bestrickt, dahingestreckt und jammernd
Ums Brautbett, und den Abgrund drunten, und
Des Vaters Werk und unglückliches Lager.
Er, wie er dieses sieht, schreit greulich auf,
Und geht hinein zu ihm, und weheklagt und rufet:
›O Armer, was hast du getan? was hattest
Im Sinne du? Durch welch Verhängnis starbst du?
O komm heraus, mein Kind, fußfällig bitt ich.‹
Schnöd blickend, nichts entgegensagend, starrt
Mit wilden Augen gegen ihn der Sohn,
Und zieht das Schwert, zweischneidig, gegen ihn erst.
Und da der Vater, aufgeschreckt, zur Flucht
Sich wandte, fehlt' er. Grimmig dann im Geiste,
Der Unglückliche stieß, so wie er ausgestreckt stand,
Die Spitze mitten sich in seine Seite.
Den feuchten Arm, bei Sinnen noch, küßt er
Der Jungfrau. Schnaubend stößt auf weißer Wange
Er scharfen Hauch von blutgen Tropfen aus.
Das Tote liegt beim Toten, bräutliche

Erfüllung trifft es schüchtern in den Häusern
Der Totenwelt, und zeigt der Menschen ratlos Wesen,
Und wie als größtes Übel dies der Mann hat.
Eurydice geht ab

Chor
Wie nimmst du dies? Die Frau ging wieder weg,
Eh sie gut oder schlimm ein Wort gesagt.

Bote
Mich wunderts auch, doch nähr ich mich mit Hoffnung,
Daß auf des Kindes Unglück sie das Jammern
Anständig nicht gehalten vor der Stadt,
Und in den Zimmern drin den Mägden sage,
Daß sie des Hauses Klage klagen. Denn
So ohne Rat ist sie nicht, daß sie fehlte.

Chor
Ich weiß nicht. Doch das allzugroße Schweigen
Scheint bei vergebnem Schreien mir bedeutend.

Bote
Laß sehen uns, ob nicht Verhaltenes
Geheim verberg ihr schwellend Herz; hinein
Ins Haus gehn. Denn du redest wohl, es ist
Bedeutend auch das allzugroße Schweigen.

Chor
Allein der König kommet selbst.
Ein großes Angedenken in Händen trägt er.
Wenns Recht ist, es zu sagen, aus fremdem
Irrsal nicht, sondern selber hat er gefehlt.

Zweite Szene
Chor Kreon

Kreon
Io! unsinnige Sinne!
Harte Fehle!
Tödliche! O tötend und
Getötet sehn wir
Blutsfreunde.
Io! mir! über meinen armen
Ratschlägen.
Io! Kind! Frühzeitig gestorben!
Weh! Weh! Weh!
Gestorben bist du, geschieden,
Durch meine, nicht deine Torheit.

Chor
O mir, wie mußtest du so spät erst sehn das Rechte!

Kreon
Ich habs gelernet in Furcht. An meinem Haupt aber
Ein Gott dort, dort mich
Mit großer Schwere gefaßt
Und geschlagen hat, und geschüttelt auf wilden Wegen.
Ach! Ach!
Io! ihr Mühen der Menschen! ihr Mühsamen!

Dritte Szene
Der Bote Kreon Chor

Bote
O, Herr! wie hast du schon und wie empfängst du,
Das in den Händen trägst du, das. Und das im Haus,
Auch das Unglück zu sehen mußt du kommen.

Kreon
Was ist denn schlimmer noch als das, was schlimm ist?

Bote
Die Frau ist tot; ganz Mutter dieses Toten.
Noch krümmt sie sich von neugeschlagnen Schlägen.

Kreon
Io! Io! du schmutziger Hafen
Der Unterwelt! was? mich nun? was? verderbest du mich?
Jo! der übelberichtet mir
Hersandte das Unglück, führest solch Geschrei du?
Weh! Weh! du hast zugrunde den Mann gerichtet.
Was sprichst du, Kind? was bringest du mir Neues?
Weh! Weh! Weh!
Geschlachtet an dem Boden liege
Des Weibs Teil über allgemeinem Zerfalle.

Bote
Du kannst es sehn. Noch ist sie im Gemach nicht.

Kreon
O mir!
Auch das Unglück, das zweite, seh ich Armer?
Was nun noch? was erwartet mich ein Schicksal?
Ich hab in Händen eben da das Kind,
Ich Armer; sehe vor mir hier den Toten.
Ach! ach! mühselge Mutter! ach mein Kind!

Chor
Wie ist sie scharfgetroffen, wie geschlachtet rings!

Kreon
Sie schlägt die schwarzen Augen auf. Was klagt sie?

Bote
Des ehgestorbenen Megareus rühmlich Bett.
Dann hat geklaget sie um den; zuletzt lobpries sie
Die schlechten Taten dir, dem Kindermörder.

Kreon
Weh! Weh! Weh! Weh!
Mich beflügelt die Furcht. Warum
Hat nicht mich einer erschlagen
Mit entgegengestelltem Schwert?
Ich Feiger! ach! ach!
In feiger Not gemenget.

Bote
Da du die Schuld von dem und jenem trägst,
So gib Befehl auch wegen der Gestorbnen.

Kreon
Was Art in Mord ward aber jen entbunden?

Bote
Sich selber auf die Leber schlug sie, da
Des Kindes Leiden lautgeklagt an sie kam.

Kreon
O mir! mir! das gehöret keinem andern
Der Menschen an. Mein ist die Schuld in diesem.
Ich habe dich getötet, ich. Io! ihr Diener!
Führt eilig mich hinweg! führt Schritt vor Schritt
Mich, der nun nichts mehr Anders ist, als Niemand.

Chor
Ist Vorteil noch im Unglück, triffst du Vorteil;
Denn kurz ist vor den Füßen großes Übel.

Kreon
O komm! o komm!
Erscheine, meiner Verhängnisse schönstes,
Den endlichen Tag mir bringend,
Den letzten. Komm! o komme,
Daß ich nicht mehr den andern Tag schaun muß!
Bote
Dies kommt. Was aber tun in dem, was da ist?
Denn solches lieget uns ob, das uns angeht.
Kreon
Was ich gesaget, eben, das hab ich gewünschet.
Bote
Du mußt nichts wünschen. Vom zuvorgesetzten
Verhängnis hat kein Sterblicher Befreiung.
Kreon
Führt Schritt vor Schritt den eiteln Mann. Der ich
Dich, Kind, doch gerne nicht, getötet, sie, auch sie;
Ich Armer weiß nicht, wen ich ansehn soll,
Und nicht, wohin ich gehe.
Denn alles Schiefe hat
Hier in den Händen und hier mir auf das Haupt
Ein wüst Schicksal gehäufet.
Chor
Um vieles ist das Denken mehr denn
Glückseligkeit. Man muß, was Himmlischer ist, nicht
Entheiligen. Große Blicke aber,
Große Streiche der hohen Schultern
Vergeltend,
Sie haben im Alter gelehrt, zu denken.

PHILOSOPHISCHE SCHRIFTEN

ANMERKUNGEN ZUM ÖDIPUS

I

Es wird gut sein, um den Dichtern, auch bei uns, eine bürgerliche Existenz zu sichern, wenn man die Poesie, auch bei uns, den Unterschied der Zeiten und Verfassungen abgerechnet, zur μηχανη der Alten erhebt.

Auch andern Kunstwerken fehlt, mit den griechischen verglichen, die Zuverlässigkeit; wenigstens sind sie bis jetzt mehr nach Eindrücken beurteilt worden, die sie machen, als nach ihrem gesetzlichen Kalkul und sonstiger Verfahrungsart, wodurch das Schöne hervorgebracht wird. Der modernen Poesie fehlt es aber besonders an der Schule und am Handwerksmäßigen, daß nämlich ihre Verfahrungsart berechnet und gelehrt, und wenn sie gelernt ist, in der Ausübung immer zuverlässig wiederholt werden kann. Man hat, unter Menschen, bei jedem Dinge, vor allem darauf zu sehen, daß es Etwas ist, d. h. daß es in dem Mittel (moyen) seiner Erscheinung erkennbar ist, daß die Art, wie es bedingt ist, bestimmt und gelehrt werden kann. Deswegen und aus höheren Gründen bedarf die Poesie besonders sicherer und charakteristischer Prinzipien und Schranken.

Dahin gehört einmal eben jener gesetzliche Kalkul.

Dann hat man darauf zu sehen, wie der Inhalt sich von diesem unterscheidet, durch welche Verfahrungsart, und wie im unendlichen, aber durchgängig bestimmten Zusammenhange der besondere Inhalt sich zum allgemeinen Kalkul verhält, und der Gang und das Festzusetzende, der lebendige Sinn, der nicht berechnet werden kann, mit dem kalkulablen Gesetze in Beziehung gebracht wird.

Das Gesetz, der Kalkul, die Art, wie ein Empfindungssystem der ganze Mensch als unter dem Einflusse des Elements sich entwickelt, und Vorstellung und Empfindung und Räsonnement, in verschiedenen Sukzessionen, aber immer nach einer sichern Regel nacheinander hervorgehn, ist im Tragischen mehr Gleichgewicht, als reine Aufeinanderfolge.

Der tragische Transport ist nämlich eigentlich leer, und der ungebundenste.

Dadurch wird in der rhythmischen Aufeinanderfolge der Vorstellungen, worin der Transport sich darstellt, das, was man im Silbenmaße Cäsur heißt, das reine Wort, die gegenrhythmische Unterbrechung notwendig, um nämlich dem reißenden Wechsel der Vorstellungen, auf seinem Summum, so zu begegnen, daß alsdann nicht mehr der Wechsel der Vorstellung, sondern die Vorstellung selber erscheint.

Dadurch wird die Aufeinanderfolge des Kalkuls und der Rhythmus geteilt und bezieht sich in seinen zwei Hälften so aufeinander, daß sie, als gleichwiegend, erscheinen.

Ist nun der Rhythmus der Vorstellungen so beschaffen, daß, in exzentrischer Rapidität, die ersten mehr durch die folgenden hingerissen sind, so muß die Cäsur oder die gegenrhythmische Unterbrechung von vorne liegen, so daß die erste Hälfte gleichsam gegen die zweite geschützt ist, und das Gleichgewicht wird, eben weil die zweite Hälfte ursprünglich rapider ist, und schwerer zu wiegen scheint, der entgegenwirkenden Cäsur wegen, mehr sich von hinten her gegen den Anfang neigen.

Ist der Rhythmus der Vorstellungen so beschaffen, daß die folgenden mehr gedrungen sind von den anfänglichen, so wird die Cäsur mehr gegen das Ende liegen, weil es das Ende ist, was gegen den Anfang gleichsam geschützt werden muß, und das Gleichgewicht wird folglich sich mehr gegen das Ende neigen, weil die erste Hälfte sich länger dehnt, das Gleichgewicht folglich später vorkommt. Soviel vom kalkulablen Gesetze.

Das erste nun der hier angedeuteten tragischen Gesetze ist das des Ödipus.

Die Antigone gehet nach dem zweiten hier berührten.

In beiden Stücken machen die Cäsur die Reden des Tiresias aus.

Er tritt ein in den Gang des Schicksals, als Aufseher über die Naturmacht, die tragisch den Menschen seiner Lebenssphäre, dem Mittelpunkte seines innern Lebens in eine andere Welt entrückt und in die exzentrische Sphäre der Toten reißt.

2

Die Verständlichkeit des Ganzen beruhet vorzüglich darauf, daß man die Szene ins Auge faßt, wo Ödipus den Orakelspruch zu unendlich deutet, zum nefas versucht wird.

Nämlich der Orakelspruch heißt:

Geboten hat uns Phöbos klar, der König,
Man soll des Landes Schmach, auf diesem Grund genährt,
Verfolgen, nicht Unheilbares ernähren.

Das konnte heißen: Richtet, allgemein, ein streng und

rein Gericht, haltet gute bürgerliche Ordnung. Ödipus aber spricht gleich darauf priesterlich:
Durch welche Reinigung etc.

Und gehet ins Besondere:
Und welchem Mann bedeutet er dies Schicksal?

Und bringet so die Gedanken des Kreon auf das furchtbare Wort:
Uns war, o König! Lajos vormals Herr
In diesem Land, eh du die Stadt gelenket.

So wird der Orakelspruch und die nicht notwendig darunter gehörige Geschichte von Lajos Tode zusammengebracht. In der gleich darauf folgenden Szene spricht aber, in zorniger Ahnung, der Geist des Ödipus, alles wissend, das nefas eigentlich aus, indem er das allgemeine Gebot argwöhnisch ins Besondere deutet, und auf einen Mörder des Lajos anwendet, und dann auch die Sünde als unendlich nimmt:
Wer unter euch den Sohn des Labdakos,
Lajos, gekannt, durch wen er umgekommen,
Dem sag ich, daß ers all anzeige mir, etc.
                    Um dieses Mannes willen
Fluch ich, wer er auch sei im Lande hier,
Von dem die Kraft und Thronen ich verwalte,
Nicht laden soll man, noch ansprechen ihn,
Zu göttlichen Gelübden nicht und nicht zu Opfern
Ihn nehmen.
                              Es zeiget dies
Der Götterspruch, der Pythische, mir deutlich. etc.

Daher, im nachfolgenden Gespräche mit Tiresias, die wunderbare, zornige Neugier, weil das Wissen, wenn es seine Schranke durchrissen hat, wie trunken in seiner herrlichen, harmonischen Form, die doch bleiben kann, vorerst, sich selbst reizt, mehr zu wissen, als es tragen oder fassen kann.

Daher in der Szene mit Kreon nachher der Argwohn, weil der unbändige, und von traurigen Geheimnissen beladene Gedanke unsicher wird, und der treue, gewisse Geist im zornigen Unmaß leidet, das, zerstörungsfroh, der reißenden Zeit nur folgt.

Daher, in der Mitte des Stücks, in den Reden mit Jokasta die traurige Ruhe, das Blöde, der mitleidswerte naive Irrtum des gewaltigen Mannes, wo er Jokasten vom vermeintlichen Geburtsort und von Polybos erzählet, den er umzubringen fürchtet, weil er sein Vater sei, und Meropen, die er fliehen will, um nicht sie, die seine Mutter sei, zu heiraten, den Worten des Tiresias nach, da dieser doch ihm sagte, er sei des Lajos Mörder und dieser sei sein Vater. Tiresias sagt nämlich im schon berührten Streite zwischen Ödipus und ihm:

                         Der Mann, den längst
Du suchest, drohend und verkündigend den Mord
Des Lajos, der ist hier; als Fremder, nach der Rede,
Wohnt er mit uns, doch bald, als Eingeborner,
Kund wird er als Thebaner sein, und nicht
Sich freun am Unfall.
Kund wird er aber sein, bei seinen Kindern wohnend,
Als Bruder und als Vater, und vom Weib, das ihn
Gebar, Sohn und Gemahl, in Einem Bette mit
Dem Vater und sein Mörder.

Daher dann im Anfange der zweiten Hälfte, in der Szene mit dem Korinthischen Boten, da er zum Leben wieder versucht wird, das verzweifelnde Ringen, zu sich

selbst zu kommen, das niedertretende, fast schamlose
Streben, seiner mächtig zu werden, das närrischwilde
Nachsuchen nach einem Bewußtsein:

Jokasta: Denn aufwärts bieget Ödipus den Mut
In mannigfacher Qual, nicht, wie ein Mann,
Besonnen, deutet er aus Altem Neues.
Ödipus: O liebstes, du, des Weibs, Jokastas Haupt!
Was riefest du heraus mich aus den Häusern?
Ödipus: An Krankheit welkte, wie es scheint, der Alte.
Bote: Und an der großen Zeit genug gemessen.

Es ist wohl zu bemerken, wie sich Ödipus Geist hier
an dem guten Spruche erhebt; so können die folgenden Reden aus edlerem Motiv erscheinen. Hier wirft
er, der jetzt gerade nicht mit herkulischen Schultern
trägt, in hoher Schwäche, seiner mächtig zu werden,
die königlichen Sorgen weg:

Wohlan! Wer sollte nun, o Weib, noch einmal
Den prophezeienden Herd befragen, oder
Von oben schreiend die Vögel? deren Sinn nach
Ich töten sollte meinen Vater, der
Gestorben schlummert unter der Erd; hier aber
Bin ich, und rein ist meine Lanze, wenn er anders
Im Traume nicht umkam, von mir. So mag er
Gestorben sein von mir; zugleich nahm er auch
Die heutigen Seherspüche mit und liegt nun
Im Hades, Polybos, nicht weiter gültig.

Zuletzt herrscht in den Reden vorzüglich das geistes-
kranke Fragen nach einem Bewußtsein:

Bote: Wohl zeigst du, Kind! du wissest, was du tust, nicht.
Ödipus: Wie, bei dem Göttlichen, Alter, sprich etwas!
Ödipus: Was sagst du? pflanzte Polybos mich nicht?

Bote: Beinahe so etwas, wie unser einer.
Ödipus: Wie das? ein Vater, der dem Niemand gleich ist?
Bote: Ein Vater eben. Polybos nicht, nicht ich.
Ödipus: Wofür denn aber nennt der mich das Kind?
Bote: Ich löse dich, da dir die Zehn vernäht sind.
Ödipus: Gewaltigen Schimpf bracht aus den Windeln ich.
Bote: So daß genannt du bist nach diesem Dinge.
Ödipus: Das, Götter! das, bei Mutter, Vater! rede.
Jokasta: Bei Göttern, nein! bist du besorgt ums Leben,
So suche nicht. Genug erkrankt bin ich.
Ödipus: Sei gutes Muts! käm ich von dreien Müttern
Dreifach ein Knecht, es machte dich nicht schlimmer.
Ödipus: Was soll, das breche. Mein Geschlecht will ich,
Seis auch gering, doch will ich es erfahren.
Mit Recht ist sie, denn Weiber denken groß,
Ob meiner niedrigen Geburt beschämt.
Ich aber will, als Sohn des Glücks mich haltend,
Des wohlbegabten, nicht verunehrt werden;
Denn dies ist meine Mutter. Und klein und groß
Umfingen mich die mitgebornen Monde.
Und so erzeugt, will ich nicht ausgehn so,
So daß ich nicht ganz, wes ich bin, erforschte.

Eben dies Allessuchende, Allesdeutende ists auch, daß sein Geist am Ende der rohen und einfältigen Sprache seiner Diener unterliegt.

Weil solche Menschen in gewaltsamen Verhältnissen stehn, spricht auch ihre Sprache, beinahe nach Furienart, in gewaltsamerem Zusammenhange.

3

Die Darstellung des Tragischen beruht vorzüglich darauf, daß das Ungeheuere, wie der Gott und Mensch sich paart, und grenzenlos die Naturmacht und der Menschen Innerstes im Zorn Eins wird, dadurch sich begreift, daß das grenzenlose Eineswerden durch grenzenloses Scheiden sich reiniget. Τῆς φυσεως γραμματευς ην τον καλαμον αποβρεχων εις νουν.

Darum der immer widerstreitende Dialog, darum der Chor als Gegensatz gegen diesen. Darum das allzukeusche, allzumechanische und faktisch endigende Ineinandergreifen zwischen den verschiedenen Teilen, im Dialog, und zwischen dem Chor und Dialog und den großen Partien oder Dramaten, welche aus Chor und Dialog bestehen. Alles ist Rede gegen Rede, die sich gegenseitig aufhebt.

So in den Chören des Ödipus das Jammernde und Friedliche und Religiöse, die fromme Lüge (Wenn ich Wahrsager bin, etc.) und das Mitleid bis zur gänzlichen Erschöpfung gegen einen Dialog, der die Seele eben dieser Hörer zerreißen will, in seiner zornigen Empfindlichkeit; in den Auftritten die schrecklichfeierlichen Formen, das Drama wie eines Ketzergerichtes, als Sprache für eine Welt, wo unter Pest und Sinnesverwirrung und allgemein entzündendem Wahrsagergeist, in müßiger Zeit, der Gott und der Mensch, damit der Weltlauf keine Lücke hat und das Gedächtnis der Himmlischen nicht ausgehet, in der allvergessenden Form der Untreue sich mitteilt, denn göttliche Untreue ist am besten zu behalten.

In solchem Momente vergißt der Mensch sich und den Gott, und kehret, freilich heiliger Weise, wie ein Verräter sich um. — In der äußersten Grenze des Leidens bestehet nämlich nichts mehr als die Bedingungen der Zeit oder des Raums.

In dieser vergißt sich der Mensch, weil er ganz im Moment ist; der Gott, weil er nichts als Zeit ist; und beides ist untreu, die Zeit, weil sie in solchem Momente sich kategorisch wendet, und Anfang und Ende sich in ihr schlechterdings nicht reimen läßt; der Mensch, weil er in diesem Momente der kategorischen Umkehr folgen muß, hiermit im Folgenden schlechterdings nicht dem Anfänglichen gleichen kann.

So stehet Hämon in der Antigone. So Ödipus selbst in der Mitte der Tragödie von Ödipus.

———

ANMERKUNGEN ZUR ANTIGONE

I

Die Regel, das kalkulable Gesetz der Antigone verhält sich zu dem des Ödipus wie ⟋ zu ⟍, so daß sich das Gleichgewicht mehr vom Anfang gegen das Ende als vom Ende gegen den Anfang zu neigt.

Sie ist eine der verschiedenen Sukzessionen, in denen sich Vorstellung und Empfindung und Räsonnement, nach poetischer Logik, entwickelt. So wie nämlich immer die Philosophie nur ein Vermögen der Seele behandelt, so daß die Darstellung dieses Einen Vermögens ein Ganzes macht, und das bloße Zusammenhängen der

Glieder dieses Einen Vermögens Logik genannt wird; so behandelt die Poesie die verschiedenen Vermögen des Menschen, so daß die Darstellung dieser verschiedenen Vermögen ein Ganzes macht, und das Zusammenhängen der selbständigeren Teile der verschiedenen Vermögen der Rhythmus, im höhern Sinne, oder das kalkulable Gesetz genannt werden kann.

Ist aber dieser Rhythmus der Vorstellungen so beschaffen, daß in der Rapidität der Begeisterung die ersten mehr durch die folgenden hingerissen sind, so muß die Cäsur (a) dann oder die gegenrhythmische Unterbrechung von vorne liegen, so daß die erste Hälfte gleichsam gegen die zweite geschützt ist, und das Gleichgewicht, eben weil die zweite Hälfte ursprünglich rapider ist und schwerer zu wiegen scheint, der entgegenwirkenden Cäsur wegen, mehr von hinten her (b) sich gegen den Anfang (c) neigt: c—ᵃ↘—b.

Ist der Rhythmus der Vorstellungen aber so beschaffen, daß die folgenden mehr gedrungen sind von den anfänglichen, so wird die Cäsur (a) mehr gegen das Ende liegen, weil es das Ende ist, was gegen den Anfang gleichsam geschützt werden muß, und das Gleichgewicht wird folglich mehr sich gegen das Ende (b) neigen, weil die erste Hälfte (c) sich länger dehnt, das Gleichgewicht aber später vorkommt: c—↗ᵃ—b.

2

Was wagtest du, ein solch Gesetz zu brechen?
Darum. Mein Zeus berichtete mirs nicht,
Noch hier im Haus das Recht der Todesgötter etc.

Der kühnste Moment eines Taglaufs oder Kunstwerks ist, wo der Geist der Zeit und Natur, das Himmlische, was den Menschen ergreift, und der Gegenstand, für welchen er sich interessiert, am wildesten gegeneinander stehen, weil der sinnliche Gegenstand nur eine Hälfte weit reicht, der Geist aber am mächtigsten erwacht, da, wo die zweite Hälfte angehet. In diesem Momente muß der Mensch sich am meisten festhalten; deswegen steht er auch da am offensten in seinem Charakter.

Das tragischmüßige Zeitmatte, dessen Objekt dem Herzen doch nicht eigentlich interessant ist, folgt dem reißenden Zeitgeist am unmäßigsten, und dieser erscheint dann wild, nicht, daß er die Menschen schonte, wie ein Geist am Tage, sondern er ist schonungslos, als Geist der ewig lebenden, ungeschriebenen Wildnis und der Totenwelt.

Kreon: Doch, Guten gleich, sind Schlimme nicht zu nehmen.
Antigone: Wer weiß, da kann doch drunt ein andrer Brauch
[sein.

Das Liebenswürdige, Verständige im Unglück. Das Träumerischnaive. Eigentliche Sprache des Sophokles, da Äschylus und Euripides mehr das Leiden und den Zorn, weniger aber des Menschen Verstand, als unter Undenkbarem wandelnd, zu objektivieren wissen.

Kreon: Wenn meinem Uranfang ich treu beistehe, lüg ich?
Hämon: Das bist du nicht, hältst du nicht heilig Gottes
[Namen.

statt: trittst du der Götter Ehre. Es war wohl nötig, hier den heiligen Ausdruck zu ändern, da er in der Mitte bedeutend ist, als Ernst und selbständiges Wort, an dem sich alles übrige objektiviert und verklärt.

Wohl die Art, wie in der Mitte sich die Zeit wendet, ist nicht wohl veränderlich, so auch nicht wohl, wie ein Charakter der kategorischen Zeit kategorisch folget, und wie es vom Griechischen zum Hesperischen gehet, hingegen der heilige Namen, unter welchem das Höchste gefühlt wird oder geschiehet. Die Rede bezieht sich auf den Schwur des Kreon.

         Nicht lang mehr brütest
In eifersüchtger Sonne du.

Auf der Erde, unter Menschen, kann die Sonne, wie sie relativ physisch wird, auch wirklich relativ im Moralischen werden.

Ich habe gehört, der Wüste gleich sei worden etc.

Wohl der höchste Zug an der Antigone. Der erhabene Spott, sofern heiliger Wahnsinn höchste menschliche Erscheinung, und hier mehr Seele als Sprache ist, übertrifft alle ihre übrigen Äußerungen; und es ist auch nötig, so im Superlative von der Schönheit zu sprechen, weil die Haltung unter anderem auch auf dem Superlative von menschlichem Geist und heroischer Virtuosität beruht.

Es ist ein großer Behelf der geheimarbeitenden Seele, daß sie auf dem höchsten Bewußtsein dem Bewußtsein ausweicht, und ehe sie wirklich der gegenwärtige Gott ergreift, mit kühnem, oft sogar blasphemischem Worte diesem begegnet und so die heilige, lebende Möglichkeit des Geistes erhält.

In hohem Bewußtsein vergleicht sie sich dann immer

mit Gegenständen, die kein Bewußtsein haben, aber in ihrem Schicksal des Bewußtseins Form annehmen. So einer ist ein wüst gewordenes Land, das in ursprünglicher, üppiger Fruchtbarkeit die Wirkungen des Sonnenlichts zu sehr verstärket, und darum dürre wird. Schicksal der Phrygischen Niobe; wie überall Schicksal der unschuldigen Natur, die überall in ihrer Virtuosität in eben dem Grade ins Allzuorganische gehet, wie der Mensch sich dem Aorgischen nähert, in heroischeren Verhältnissen, und Gemütsbewegungen. Und Niobe ist dann auch recht eigentlich das Bild des frühen Genies.
    Sie zählete dem Vater der Zeit
    Die Stundenschläge, die goldnen.
statt: verwaltete dem Zeus das goldenströmende Werden, um es unserer Vorstellungsart mehr zu nähern. Im Bestimmteren oder Unbestimmteren muß wohl Zeus gesagt werden. Im Ernste lieber: Vater der Zeit oder: Vater der Erde; weil sein Charakter ist, der ewigen Tendenz entgegen, das Streben aus dieser Welt in die andre zu kehren zu einem Streben aus einer andern Welt in diese. Wir müssen die Mythe nämlich überall beweisbarer darstellen. Das goldenströmende Werden bedeutet wohl die Strahlen des Lichts, die auch dem Zeus gehören, insofern die Zeit, die bezeichnet wird, durch solche Strahlen berechenbarer ist. Das ist sie aber immer, wenn die Zeit im Leiden gezählt wird, weil dann das Gemüt vielmehr dem Wandel der Zeit mitfühlend folgt, und so den einfachen Stundengang begreift, nicht aber der Verstand von Gegenwart auf die Zukunft schließt.

Weil aber dieses festeste Bleiben vor der wandelnden Zeit, dies heroische Eremitenleben das höchste Bewußtsein wirklich ist, motiviert sich dadurch der folgende Chor als reinste Allgemeinheit und als eigentlichster Gesichtspunkt, wo das Ganze angefaßt werden muß.

Nämlich dieser enthält, als Gegensatz gegen das Allzuinnige dieser vorhergegangenen Stelle, die höchste Unparteilichkeit der zwei entgegengesetzten Charaktere, aus welchen die verschiedenen Personen des Dramas handeln.

Einmal das, was den Antitheos charakterisiert, wo einer, in Gottes Sinne, wie gegen Gott sich verhält, und den Geist des Höchsten gesetzlos erkennt. Dann die fromme Furcht vor dem Schicksal, hiemit das Ehren Gottes als eines gesetzten. Dies ist der Geist der beiden unparteiisch gegeneinandergestellten Gegensätze im Chore. Im ersten Sinne mehr Antigone handelnd, im zweiten Kreon. Beide, insofern sie entgegengesetzt sind, nicht wie Nationelles und Antinationelles, hiemit Gebildetes, wie Ajax und Ulyss, auch nicht, wie Ödipus gegen die griechischen Landleute und die antike Originalnatur, als Freigeist gegen getreue Einfalt, sondern gleich gegen einander abgewogen und nur der Zeit nach verschieden, so daß das eine vorzüglich darum verlieret, weil es anfängt; das andere gewinnet, weil es nachfolgt. Insofern passet der sonderbare Chor, von dem hier eben die Rede ist, aufs geschickteste zum Ganzen, und seine kalte Unparteilichkeit ist Wärme, eben weil sie so eigentümlich schicklich ist.

3

Die tragische Darstellung beruhet, wie in den Anmerkungen zum Ödipus angedeutet ist, darauf, daß der unmittelbare Gott ganz Eines mit dem Menschen (denn der Gott eines Apostels ist mittelbarer, ist höchster Verstand in höchstem Geiste), daß die unendliche Begeisterung unendlich, das heißt in Gegensätzen, im Bewußtsein, welches das Bewußtsein aufhebt, heilig sich scheidend, sich faßt, und der Gott, in der Gestalt des Todes, gegenwärtig ist.

Deswegen, wie schon in den Anmerkungen zum Ödipus berührt ist, die dialogische Form, und der Chor im Gegensatze mit dieser, deswegen die gefährliche Form, in den Auftritten, die nach griechischerer Art notwendig faktisch in dem Sinne ausgehet, daß das Wort mittelbarer faktisch wird, indem es den sinnlicheren Körper ergreift; nach unserer Zeit und Vorstellungsart, unmittelbarer, indem es den geistigeren Körper ergreift. Das griechischtragische Wort ist tödlich-faktisch, weil der Leib, den es ergreifet, wirklich tötet. Für uns, da wir unter dem eigentlicheren Zeus stehen, der nicht nur zwischen dieser Erde und der wilden Welt der Toten innehält, sondern den ewig menschenfeindlichen Naturgang, auf seinem Wege in die andre Welt, entschiedener zur Erde zwinget, und da dies die wesentlichen und vaterländischen Vorstellungen groß ändert und unsere Dichtkunst vaterländisch sein muß, so daß ihre Stoffe nach unserer Weltansicht gewählt sind, und ihre Vorstellungen vaterländisch, verändern sich die griechischen Vorstellungen insofern, als ihre

Haupttendenz ist, sich fassen zu können, weil darin ihre Schwäche lag, da hingegen die Haupttendenz in den Vorstellungsarten unserer Zeit ist, etwas treffen zu können, Geschick zu haben, da das Schicksallose, das δυσμορον, unsere Schwäche ist. Deswegen hat der Grieche auch mehr Geschick und Athletentugend, und muß dies, so paradox uns die Helden der Iliade erscheinen mögen, als eigentlichen Vorzug und als ernstliche Tugend haben. Bei uns ist dies mehr der Schicklichkeit subordiniert. Und so auch sind die griechischen Vorstellungsarten und poetischen Formen mehr den vaterländischen subordiniert.

Und so ist wohl das tödlichfaktische, der wirkliche Mord aus Worten, mehr als eigentümlich griechische und einer vaterländischeren Kunstform subordinierte Kunstform zu betrachten. Eine vaterländische mag, wie wohl beweislich ist, mehr tötendfaktisches als tödlichfaktisches Wort sein; nicht eigentlich mit Mord oder Tod endigen, weil doch hieran das Tragische muß gefaßt werden, sondern mehr im Geschmacke des Ödipus auf Kolonos, so daß das Wort aus begeistertem Munde schrecklich ist, und tötet, nicht griechisch faßlich, in athletischem und plastischem Geiste, wo das Wort den Körper ergreift, daß dieser tötet.

So beruhet griechischer oder hesperischer die tragische Darstellung auf gewaltsamerem oder unaufhaltsamerem Dialog und Chören, haltend oder deutend für den Dialog, die dem unendlichen Streite die Richtung oder die Kraft geben, als leidende Organe des göttlichringenden Körpers, die nicht wohl fehlen können, weil auch in tragischunendlicher Gestalt der Gott dem Körper sich nicht absolut unmittelbar mitteilen kann, sondern verständlich gefaßt oder lebendig zugeeignet werden muß; vorzüglich aber bestehet die tragische Darstellung in dem faktischen Worte, das, mehr Zusammenhang als ausgesprochen, schicksalsweise, vom Anfang bis zu Ende gehet; in der Art des Hergangs, in der Gruppierung der Personen gegeneinander, und in der Vernunftform, die sich in der furchtbaren Muße einer tragischen Zeit bildet, und so wie sie in Gegensätzen sich darstellte, in ihrer wilden Entstehung, nachher in humaner Zeit, als feste aus göttlichem Schicksal geborene Meinung gilt.

Die Art des Hergangs in der Antigone ist die bei einem Aufruhr, wo es, sofern es vaterländische Sache ist, darauf ankommt, daß jedes, als von unendlicher Umkehr ergriffen und erschüttert, in unendlicher Form sich fühlt, in der es erschüttert ist. Denn vaterländische Umkehr ist die Umkehr aller Vorstellungsarten u Formen. Eine gänzliche Umkehr in diesen ist aber, wie überhaupt gänzliche Umkehr ohne allen Halt, d(Menschen, als erkennendem Wesen unerlaubt. Und ın vaterländischer Umkehr, wo die ganze Gestalt der Dinge sich ändert, und die Natur und Notwendigkeit, die immer bleibt, zu einer andern Gestalt sich neiget, sie gehe in Wildnis über oder in neue Gestalt, in einer solchen Veränderung ist alles bloß Notwendige parteiisch für die Veränderung; deswegen kann, in Möglichkeit solcher Veränderung, auch der Neutrale, nicht nur, der gegen die vaterländische Form ergriffen ist, von einer Geistesgewalt der Zeit, gezwungen werden, patriotisch, gegenwärtig zu sein, in unendlicher Form, der religiösen, politischen und moralischen seines Vaterlandes. *(προφανηθι θεος.)* Es sind auch solche ernstliche Bemerkungen notwendig zum Verständnisse der griechischen wie aller echten Kunstwerke. Die eigentliche Verfahrungsart nun bei einem Aufruhr (die freilich nur eine Art vaterländischer Umkehr ist und noch bestimmteren Charakter hat) ist eben angedeutet.

Ist ein solches Phänomen tragisch, so gehet es durch Reaktion, und das Unförmliche entzündet sich an Allzuförmlichem. Das Charakteristische dabei ist deswegen das, daß die in solchem Schicksal begriffenen Personen, nicht wie im Ödipus, in Ideengestalt als streitend um die Wahrheit stehen, und wie eines, das sich des Verstandes wehret, auch nicht, wie eines, das sich des Lebens oder Eigentums oder der Ehre wehret, wie die Personen im Ajax, sondern daß sie als Personen im engeren Sinne, als Standespersonen gegeneinander stehen, daß sie sich formalisieren.

Die Gruppierung solcher Personen ist, wie in der Antigone, mit einem Kampfspiele von Läufern zu vergleichen, wo der, welcher zuerst schwer Atem holt und sich am Gegner stößt, verloren hat, da man das Ringen im Ödipus mit einem Faustkampf, das im Ajax mit einem Fechterspiele vergleichen kann.

Die Vernunftform, die hier tragisch sich bildet, ist politisch, und zwar republikanisch, weil zwischen Kreon und Antigone, Förmlichem und Gegenförmlichem, das Gleichgewicht zu gleich gehalten ist. Besonders zeigt sich dies am Ende, wo Kreon von seinen Knechten fast gemißhandelt wird.

Sophokles hat Recht. Es ist dies Schicksal seiner Zeit und Form seines Vaterlandes. Man kann wohl idealisieren, z. B. den besten Moment wählen, aber die vaterländischen Vorstellungsarten dürfen, wenigstens der Unterordnung nach, vom Dichter, der die Welt im verringerten Maßstab darstellt, nicht verändert werden. Für uns ist eine solche Form gerade tauglich, weil das Unendliche, wie der Geist der Staaten und der Welt, ohnehin nicht anders als aus linkischem Gesichtspunkt kann gefaßt werden. Die vaterländischen Formen unserer Dichter, wo solche sind, sind aber dennoch vorzuziehen, weil solche nicht bloß da sind, um den Geist der Zeit verstehen zu lernen, sondern ihn festzuhalten und zu fühlen, wenn er einmal begriffen und gelernt ist.

GRUND ZUM EMPEDOKLES

Natur und Kunst sind sich im reinen Leben nur harmonisch entgegengesetzt; die Kunst ist die Blüte, die Vollendung der Natur, Natur wird erst göttlich durch die Verbindung mit der verschiedenartigen, aber harmonischen Kunst. Wenn jedes ganz ist, was es sein kann, und eines verbindet sich mit dem andern, ersetzt den Mangel des andern, den es notwendig haben muß, um ganz das zu sein, was es als Besonderes sein kann, dann ist die Vollendung da, und das Göttliche ist in der Mitte von beiden. Der organischere, künstlichere Mensch ist die Blüte der Natur; die aorgischere Natur, wenn sie rein gefühlt wird, von rein organisierten, rein in seiner Art gebildeten Menschen, gibt ihm das Gefühl der Vollendung. Aber dieses Leben ist nur im Gefühle und nicht für die Erkenntnis vorhanden. Soll es erkennbar sein, so muß es sich dadurch darstellen, daß es im Übermaße der Innigkeit, wo sich die Entgegengesetzten verwechseln, sich trennt, daß das Organische, das sich zu sehr der Natur überließ und sein Wesen, Bewußtsein, vergaß, in das Extrem der Selbsttätigkeit und Kunst und Reflexion, die Natur hingegen wenigstens in ihren Wirkungen auf den reflektierenden Menschen in das Extrem des Aorgischen, des Unbegreiflichen, des Unfühlbaren, des Unbegrenzten übergeht, bis durch den Fortgang der entgegengesetzten Wechselwirkungen die beiden ursprünglich einigen sich wie anfangs begegnen, nur daß die Natur organischer durch den bildenden kultivierenden Menschen, überhaupt durch die Bildungstriebe und Bildungskräfte, hingegen der Mensch aorgischer, allgemeiner, unendlicher geworden ist. Dies Gefühl gehört vielleicht zum Höchsten, was gefühlt werden kann, wenn beide entgegengesetzte, der verallgemeinerte und geistig lebendige, künstlich rein aorgische Mensch und die Wohlgestalt der Natur sich begegnen. Dies Gefühl gehört vielleicht zum Höchsten, was der Mensch erfahren kann; denn die jetzige Harmonie mahnt ihn an das vormalige, umgekehrte, reine

Verhältnis, und er fühlt sich und die Natur zweifach, und die Verbindung ist unendlicher.

In der Mitte liegt der Tod des Einzelnen, nämlich derjenige Moment, wo das Organische seine Ichheit, sein besonderes Dasein, das zum Extreme geworden war, das Aorgische seine Allgemeinheit, nicht wie zu Anfang in idealer Vermischung, sondern in realem höchstem Kampf ablegt, indem das Besondere auf seinem Extrem gegen das Extrem des Aorgischen sich tätig immer mehr verallgemeinern, immer mehr von seinem Mittelpunkte sich reißen muß, das Aorgische gegen das Extrem des Besonderen sich immer mehr konzentrieren, und immer mehr einen Mittelpunkt gewinnen und zum Besondersten werden muß; wo dann das aorgisch gewordene Organische sich selber wiederzufinden und zu sich selber zurückzukehren scheint, indem es an die Individualität des Aorgischen sich hält, und das Objekt, das Aorgische, sich selber zu finden scheint, indem es in demselben Moment, wo es Individualität annimmt, auch zugleich das Organische auf dem höchsten Extreme des Aorgischen findet, so daß in diesem Moment, in dieser Geburt der höchsten Feindseligkeit die höchste Versöhnung wirklich zu sein scheint. Aber die Individualität dieses Moments ist nur ein Erzeugnis des Streits, seine Allgemeinheit nur ein Erzeugnis des höchsten Streits; so wie also die Versöhnung da zu sein scheint, und das Organische wieder auf seine Art, das Aorgische auf die seinige auf diesen Moment hin wirkt, so wird auf die Eindrücke des Organischen die in dem Moment enthaltene aorgisch entsprungene Individualität wieder aorgischer, auf die Eindrücke des Aorgischen wird die in dem Moment enthaltene, organisch entsprungene Allgemeinheit wieder besonderer, so daß der verneinende Moment, wie ein Trugbild, sich immer mehr auflöst, sich dadurch, daß er aorgisch gegen das Organische regiert, immer mehr von diesem sich entfernt, dadurch aber und durch seinen Tod die kämpfenden Extreme, aus denen er hervorging, schöner versöhnt und vereiniget, als in seinem Leben, indem die Vereinigung nun nicht in einem Einzelnen und deswegen zu innig ist, indem das Göttliche nicht mehr sinnlich erscheint, indem der glückliche Betrug der Vereinigung in eben dem Grade aufhört, als er zu innig und einzig war, so daß die beiden Extreme, wovon das eine, das organische, durch den vergehenden Moment zurückgeschreckt und dadurch in eine reinere Allgemeinheit erhoben, das Aorgische, indem es zu diesem übergeht, für das Organische ein Gegenstand der ruhigern Betrachtung werden muß, und die Innigkeit des vergangenen Moments nun allgemeiner, gehaltener, unterscheidender, klarer hervorgeht.

    So ist Empedokles ein Sohn seines Himmels und seiner Periode, seines Vaterlandes, ein Sohn der gewaltigen Entgegensetzungen von Natur und Kunst, in denen die Welt vor seinen Augen erschien. Ein Mensch, in dem sich jene Gegensätze so innig vereinigen, daß sie zu Einem in ihm werden, daß sie ihre ursprüngliche, unterscheidende Form ablegen und umkehren, daß das, was in seiner Welt für subjektiver gilt und mehr in Besonderheit vorhanden ist, das Unterscheiden, das Denken, das Vergleichen, das Bilden, das Organisieren und Organisiertsein, in ihm selber objektiver ist, so daß er, um es so stark wie möglich zu benennen, unterscheidender, denkender, vergleichender, bildender, organisierender und organisierter ist, wenn er weniger bei sich selber ist und insofern er sich weniger bewußt ist, daß bei ihm und für ihn das Sprachlose Sprache und bei ihm und für ihn das Allgemeine, das Unbewußtere, die Form des Bewußtseins und der Besonderheit gewinnt, daß hingegen dasjenige, was bei andern in seiner Welt für objektiver gilt, und in allgemeinerer Form vorhanden ist, das weniger Unterscheidende und Unterscheidbare, das Gedankenlosere, Unvergleichbare, Unbildlichere, Unorganisiertere und Desorganisierende bei ihm und für ihn subjektiver ist, so daß er ununterschiedener und ununterscheidender, gedankenloser in der Wirkung, unvergleichbarer, unbildlicher, aorgischer und desorganischer ist, wenn er mehr bei sich selber ist und nur insofern er sich mehr bewußt, daß bei ihm und für ihn das Sprechende unaussprechlich oder unaussprechend, daß bei ihm und für ihn das Besondere und Bewußtere die Form des Unbewußten und Allgemeinen annimmt, daß also jene beiden Gegensätze in ihm zu einem werden, weil sie in ihm ihre unterscheidende Form umkehren und sich auch insoweit vereinigen, als sie im ursprünglichen Gefühle verschieden sind: ein solcher Mensch kann nur aus der höchsten Entgegensetzung von Natur und Kunst erwachsen, und so wie (ideal) das Übermaß der Innigkeit aus Innigkeit hervorgeht, so geht dieses reale Übermaß der Innigkeit aus Feindseligkeit und höchstem Zwist hervor, wo das Aorgische nur deswegen die bescheidene Gestalt des Besondern annimmt, und sich so zu versöhnen scheint mit dem Überorganischen, das Organische nur deswegen die bescheidene Gestalt des Besondern annimmt, und sich so zu versöhnen scheint mit dem Überaorgischen, Überlebendigen, weil beide sich auf den höchsten Extremen am tiefsten durchdringen und berühren und hiemit in ihrer äußern Form die Gestalt, den Schein des Entgegengesetzten annehmen müssen.

So ist Empedokles, wie gesagt, das Resultat seiner Periode, und sein Charakter weist auf diese zurück, sowie er aus dieser hervorging. Sein Schicksal stellt sich in ihm dar, als in einer augenblicklichen Vereinigung, die aber sich auflösen muß, um mehr zu werden. (Sein Gemüt, das Objektive in ihm, wurde früh durch die hyperpolitischen immer rechtenden und berechnenden Agrigentiner aus seiner Unbefangenheit, stillen Geselligkeit und Liebe in Einsamkeit getrieben, so wie hingegen sein Kunstsinn, die Kraft zu ordnen und zu organisieren, in einer eigentümlichen und angemessenen Sphäre zu schaffen und zu bilden, zum Reformatorgeiste verallgemeinert und aorgischer wurde, durch die anarchische Wildheit, die sich um ihn bewegte.)

Er scheint nach allem zum Dichter geboren, scheint also in seiner subjektiven, tätigen Natur schon jene ungewöhnliche Tendenz zur Allgemeinheit zu haben, die unter andern Umständen, oder durch Einsicht und Vermeidung ihres zu starken Einflusses, zu jener ruhigen Betrachtung, zu jener Vollständigkeit und durchgängiger Bestimmtheit des Bewußtseins wird, womit der Dichter auf ein Ganzes blickt. Ebenso scheint in seiner objektiven Natur, in seiner Passivität jene glückliche Gabe zu liegen, die auch ohne geflissentliches und wissentliches Ordnen und Denken und Bilden zum Ordnen und Denken und Bilden geneigt ist, jene Bildsamkeit der Sinne und des Gemüts, die alles solche leicht und schnell in seiner Ganzheit lebendig aufnimmt, und die der künstlichen Tätigkeit mehr zu sprechen als zu tun gibt. Aber diese Anlage sollte nicht in ihrer eigentümlichen Sphäre wirken und bleiben; er sollte nicht in seiner Art und seinem Maß, in seiner eigentümlichen Beschränktheit und Reinheit wirken und diese Stimmung durch den freien Ausdruck derselben zur allgemeineren Stimmung, die zugleich die Bestimmung seines Volkes war, werden lassen; das Schicksal seiner Zeit, die gewaltigen Extreme, in denen er erwuchs, forderten nicht Gesang, wo das Reine in einer idealischen Darstellung, die zwischen der Gestalt des Schicksals und des Ursprünglichen liegt, noch leicht wieder aufgefaßt wird, wenn sich die Zeit noch nicht zu sehr davon entfernt hat; daß Schicksal seiner Zeit erforderte auch nicht eigentliche Tat, die zwar unmittelbar wirkt und hilft, aber auch einseitiger, und um so mehr, je weniger sie den ganzen Menschen exponiert; es erforderte ein Opfer, wo der ganze Mensch das wirklich und sichtbar wird, worin das Schicksal seiner Zeit sich aufzulösen scheint, wo die Extreme sich in Einem wirklich und sichtbar zu vereinigen scheinen, aber eben deswegen zu innig vereiniget sind, und in einer idealischen Tat das Individuum deswegen untergeht und untergehen muß, weil an ihm sich die vorzeitige, aus Not und Zwist hervorgegangene, sinnliche Vereinigung zeigte, welche das Problem des Schicksals auflöste, das sich aber niemals sichtbar und individuell auflösen kann, weil sonst das Allgemeine im Individuum sich verlöre und (was noch immer schlimmer als alle großen Bewegungen des Schicksals und allein unmöglich ist) das Leben einer Welt in einer Einzelnheit abstürbe; da hingegen, wenn diese Einzelnheit, als vorzeitiges Resultat des Schicksals sich auflöst, weil es zu innig und sichtbar war, das Problem des Schicksals zwar *materialiter* sich auf dieselbe Art auflöst, aber *formaliter* anders, indem eben das Übermaß von Innigkeit, das aus Glück, ursprünglich aber nur ideal und als Versuch hervorgegangen war, nun durch den höchsten Zwist wirklich geworden, sich insofern, eben darum, und in den Graden, Kräften und Werkzeugen wirklich aufhebt, in welchen das ursprüngliche Übermaß der Innigkeit, die Ursache allen Zwistes, sich aufhob, so daß die Kraft des innigen Übermaßes sich wirklich verliert und eine reifere, wahrhafte, reine, allgemeine Innigkeit übrig bleibt.

So sollte also Empedokles ein Opfer seiner Zeit werden; die Probleme des Schicksals, in dem er erwuchs, sollten in ihm sich scheinbar lösen, und diese Lösung sollte sich als eine scheinbare, temporäre zeigen, wie mehr oder weniger bei allen tragischen Personen, die alle in ihren Charakteren und Äußerungen mehr oder weniger Versuche sind, die Probleme des Schicksals zu lösen, und alle sich insofern und in dem Grade aufheben, in welchem sie nicht allgemein gültig sind, wenn nicht anders ihre Rolle, ihr Charakter und seine Äußerungen sich von selbst als etwas Vorübergehendes und Augenblickliches darstellen, so daß also derjenige, der scheinbar das Schicksal am Vollständigsten löst, auch sich am meisten in seiner Vergänglichkeit, und im Fortschritte seiner Versuche am auffallendsten als Opfer darstellt.

Wie ist nun dies bei Empedokles der Fall?

Je mächtiger das Schicksal, die Gegensätze von Kunst und Natur waren, um so mehr lag es in ihnen, sich immer mehr zu individualisieren, einen festen Punkt, einen Halt zu gewinnen, und eine solche Zeit ergreift alle Individuen so lange, fordert sie zur Lösung auf, bis sie eines findet, in dem sich ihr unbekanntes Bedürfnis und ihre geheime Tendenz sichtbar und erreicht darstellt, von dem aus dann erst die gefundene Auflösung ins Allgemeine übergehen muß.

So individualisiert sich seine Zeit in Empedokles, und je mehr sie sich in ihm individualisiert, je glänzender und wirklicher und sichtbarer in ihm das Rätsel aufgelöst erscheint, um so notwendiger wird sein Untergang.

1. Schon der lebhafte, allesversuchende Kunstgeist seines Volkes überhaupt mußte in ihm sich aorgischer, kühner, unbegrenzter, erfinderischer wiederholen, so wie von der andern Seite der glühende Himmelsstrich

und die üppige sizilianische Natur gefühlter, sprechender für ihn und in ihm sich darstellen mußte; und wenn er einmal von beiden Seiten ergriffen war, so mußte immer die eine Seite, die tätigere Kraft seines Wesens, die andere als Gegenwirkung verstärken, so wie sich von dem empfindenden Teile seines Gemüts der Kunstgeist nähren und weiter treiben mußte.

2. Unter seinen hyperpolitischen, immer rechtenden und berechnenden Agrigentinern, unter den fortstrebenden und immer sich erneuernden gesellschaftlichen Formen seiner Stadt mußte ein Geist, wie der seinige war, der immer nach Erfindung eines vollständigen Ganzen strebte, nur zu sehr zum Reformatorgeiste werden, so wie die anarchische Ungebundenheit, wo jeder seiner Originalität folgte, ohne sich um die Eigentümlichkeit der andern zu kümmern, auch ihn mehr als andere bei seiner reichen, selbstgenügsamen Natur und Lebensfülle ungeselliger, einsamer, stolzer und eigener machen mußte, und auch diese beiden Seiten seines Charakters mußten sich wechselseitig erheben und übertreiben.

3. Eine freigeisterische Kühnheit, die sich dem Unbekannten, außerhalb des menschlichen Bewußtseins und Handelns liegenden, immer mehr entgegengesetzt, je inniger ursprünglich die Menschen sich im Gefühle mit jenem vereiniget fanden und durch einen natürlichen Instinkt getrieben wurden, sich gegen den zu mächtigen, zu tiefen, freundlichen Einfluß des Elements vor Selbstvergessenheit und gänzlicher Entäußerung zu verwahren, die freigeisterische Kühnheit, dieses negative Räsonieren, Nichtdenken des Unbekannten, das

bei einem übermütigen Volke so natürlich ist, mußte bei Empedokles, der in keinem Falle zur Negation gemacht war, um einen Schritt weiter gehen, er mußte des Unbekannten Meister zu werden, er mußte sich seiner versichern wollen, sein Geist mußte der Dienstbarkeit so sehr entgegenstreben, daß er die überwältigende Natur zu umfassen, durch und durch zu verstehen und ihrer bewußt zu werden suchen mußte, wie er seiner selbst bewußt und gewiß sein konnte; er mußte nach Identität mit ihr ringen. So mußte also sein Geist im höchsten Sinne aorgische Gestalt annehmen, von sich selbst und seinem Mittelpunkte sich reißen, immer sein Objekt so übermäßig penetrieren, daß er in ihm, wie in einem Abgrund, sich verlor, wo dann hingegen das ganze Leben des Gegenstands das verlassne, durch die grenzenlose Tätigkeit des Geistes nur unendlicher empfänglich gewordene Gemüt ergreifen, und bei ihm zur Individualität werden mußte, ihm seine Besonderheit geben, und diese in eben dem Grade durchgängiger nach sich stimmen mußte, als er sich geistig tätig dem Objekte hingegeben hatte; und so erschien das Objekt in ihm in subjektiver Gestalt, wie er die objektive Gestalt des Objekts angenommen hatte. Er war das Allgemeine, das Unbekannte, das Objekt das Besondere. Und so schien der Widerstreit der Kunst, des Denkens, des Ordnens des bildenden Menschencharakters und der bewußtloseren Natur gelöst, in den höchsten Extremen zu Einem und bis zum Tauschen der gegenseitigen, unterscheidenden Form vereiniget. Dies war der Zauber, womit Empedokles in seiner Welt erschien. Die Natur, welche seine freigeisterischen Zeitgenossen mit ihrer Macht und ihrem Reize nur um so gewaltiger beherrschte, je unkenntlicher sie von ihr abstrahierten, sie erschien mit allen ihren Melodien im Geiste und Munde dieses Mannes und so innig und warm und persönlich, wie wenn sein Herz das ihre wäre und der Geist des Elements in menschlicher Gestalt unter den Sterblichen wohnte. Dies gab ihm seine Anmut, seine Furchtbarkeit, seine Göttlichkeit, und alle Herzen, die der Sturm des Schicksals bewegte, und Geister, die in der rätselhaften Nacht der Zeit unstet und ohne Leiter hin und wieder irrten, flogen ihm zu; und je menschlicher, näher ihrem eigenen Wesen er sich ihnen zugesellte, je mehr er mit dieser Seele ihre Sache zu seiner machte, und, nachdem sie einmal in seiner Göttergestalt erschienen war, nun wieder in ihrer eigenern Weise ihnen wiedergegeben wurde, um so mehr war er der Angebetete. Dieser Grundton seines Charakters zeigte sich also in allen seinen Verhältnissen. Sie nahmen ihn alle an. So lebte er in seiner höchsten Unabhängigkeit, in dem Verhältnisse, das ihm, auch ohne die objektiveren und geschichtlichern, seinen Gang vorzeichnete, so daß die äußeren Umstände, die ihn denselben Weg führten, so wesentlich und unentbehrlich sie sind, um das zum Vorschein und zur Handlung zu bringen, was vielleicht nur Gedanke bei ihm geblieben wäre, dennoch, trotz alles Widerstreits, in dem er in der Folge mit ihnen zu stehen scheint, doch seiner freiesten Stimmung und Seele begegnen, was denn auch kein Wunder ist, da eben diese Stimmung auch der innerste Geist der Umstände ist, da alle Extreme in diesen Umständen von eben diesem Geiste aus und wieder auf ihn zurückgingen. In seinem unabhängigsten Verhältnis löst sich das Schicksal seiner Zeit in ihrem ersten und letzten Problem auf. So wie diese scheinbare Lösung von hier aus wieder sich aufzuheben anfängt, und damit endet.

In diesem unabhängigen Verhältnisse lebt er, in jener höchsten Innigkeit, die den Grundton seines Charakters macht, mit den Elementen, indes die Welt um ihn hierin gerade im höchsten Gegensatze lebt, in jenem freigeisterischen Nichtdenken, Nichtanerkennen des Lebendigen von einer Seite, von der andern in der höchsten Dienstbarkeit gegen die Einflüsse der Natur. In diesem Verhältnisse lebt er 1. überhaupt als fühlender Mensch, 2. als Philosoph und Dichter, 3. als ein Einsamer, der seine Gärten pflegt. Aber so wäre er noch keine dramatische Person, also muß er das Schicksal nicht bloß in allgemeinen Verhältnissen und durch seinen unabhängigen Charakter, er muß es in besondern Verhältnissen und in der besondersten Veranlassung und Aufgabe lösen. Aber in so innigem Verhältnisse, wie er mit dem Lebendigen der Elemente steht, stehet er auch mit seinem Volke. Er war des negativen, gewaltsamen Neuerungsgeistes, der gegen das trotzige, anarchische Leben, das keinen Einfluß, keine Kunst dulden will, nur durch den Gegensatz anstrebt, nicht fähig, er mußte um einen Schritt weitergehen; er mußte, um das Lebendige zu ordnen, es mit seinem Wesen im Innersten zu ergreifen streben; er mußte mit seinem Geiste des menschlichen Elements und aller Neigungen und Triebe, er mußte ihrer Seele, er mußte des Unbegreiflichen, des Unbewußten, des Unwillkürlichen in ihnen mächtig zu werden suchen; eben dadurch mußte sein Wille, sein Bewußtsein, sein Geist, indem er über die gewöhnliche und menschliche Grenze des Wissens und Wirkens ging, sich selber verlieren und objektiv werden, und was er geben wollte, das mußte er finden, da hingegen das Objektive desto reiner, tiefer in ihm wiederklang, je offener sein Gemüt eben dadurch stand, daß der geistig tätige Mensch sich hingegeben hatte, und dies im Besonderen wie im Allgemeinen.

So verhielt er sich als religiöser Reformator, als politischer Mensch, und in allen Handlungen, die er um ihrer willen tat, gegen sie, mit dieser stolzen, schwärmerischen Ergebenheit, und löste sich dem Scheine nach schon durch den Ausdruck dieser Vertauschung des Objekts und Subjekts alles Schicksal auf. Aber worin soll dieser Ausdruck bestehen? welches ist derjenige, der in einem solchen Verhältnisse demjenigen Teile genügt, der zuerst der ungläubige ist? und an diesem Ausdruck liegt alles; denn darum muß das Einigende untergehen, weil es zu sichtbar und sinnlich erschien, und dies kann es nur dadurch, daß es in irgend einem bestimmtesten Punkte und Falle sich ausdrückt. Sie müssen das Einige, das zwischen ihnen und dem Manne ist, sehen; wie können sie das? dadurch, daß er ihnen bis ins Äußerste gehorcht? aber worin? In einem Punkte, wo sie über die Vereinigung der Extreme, in denen sie leben, am zweifelhaftesten sind. Bestehen nun diese Extreme aber im Zwiste von Kunst und Natur, so muß er die Natur gerade darin, wo sie der Kunst am unerreichbarsten ist, vor ihren Augen mit der Kunst versöhnen. — Von hier aus entspinnt sich die Fabel. Er tut es mit Liebe und Widerwillen*), legt seine Probe ab, nun glauben sie alles vollendet. Er erkennt sie daran; die Täuschung, in der er lebte, als wäre er Eines mit ihnen, hört nun auf. Er zieht sich zurück, und sie erkalten gegen ihn. Sein Gegner benutzt dies, bewirkt die Verbannung. Sein Gegner, groß in natürlichen Anlagen, wie Empedokles, sucht die Probleme der Zeit auf andere, auf negativere Art zu lösen. Zum Helden geboren, ist er nicht sowohl geneigt, die Extreme zu vereinigen als sie zu bändigen und ihre Wechselwirkung an ein Bleibendes und Festes zu knüpfen, das zwischen sie gestellt ist, und jedes in seiner Grenze hält, indem es jedes sich zu eigen macht. Seine Tugend ist der Verstand, seine Göttin die Notwendigkeit. Er ist das Schicksal selber, nur mit dem Unterschiede, daß die streitenden Kräfte in ihm an ein Bewußtsein, an einen Scheidepunkt fest geknüpft sind, der sie klar und sicher gegenüberhält, der sie an eine (negative) Idealität befestiget und ihnen eine Richtung gibt. Wie sich Kunst und Natur bei Empedokles im Extreme des Widerstreits dadurch vereinigen, daß das Tätige im Übermaß objektiv wird, und die verlorene Subjektivität durch die tiefe Einwirkung des Objekts ersetzt wird, so vereinigen

---

*) Denn die Frucht, positiv zu werden, muß seine größte, natürlicherweise, sein, aus dem Gefühle, daß Er, je wirklicher er das Innige ausdrückt, desto sicherer untergeht.

sich Kunst und Natur in seinem Gegner dadurch, daß ein Übermaß von Objektivität und Außersichsein und Realität (in solchem Klima, in solchem Getümmel von Leidenschaften und Wechsel der Originalität, in solcher herrischen Furcht des Unbekannten), bei einem mutig offnen Gemüte die Stelle des Tätigen und Bildenden vertreten muß, da hingegen das Subjektive mehr die passive Gestalt des Duldens, des Ausdauerns, der Festigkeit, der Sicherheit gewinnt; und wenn die Extreme entweder durch die Fertigkeit im Ausdauern derselben, oder auch von außen die Gestalt der Ruhe und des Organischen annehmen, so muß das Subjektivtätige nun das Organisierende, es muß zum Elemente werden; so auch hierin das Subjektive und Objektive ihre Gestalt verwechseln und Eines werden in einem . . .

ÜBER BILDUNG UND HUMANITÄT

Wenn der Dichter einmal des Geistes mächtig ist, wenn er die gemeinschaftliche Seele, die allem gemein und jedem eigen ist, gefühlt und sich zugeeignet, sie festgehalten, sich ihrer versichert hat, wenn er ferner der freien Bewegung, des harmonischen Wechsels und Fortstrebens, worin der Geist sich in sich selber und in andern zu reproduzieren geneigt ist, wenn er des schönen im Ideale des Geistes vorgezeichneten Progresses und seiner poetischen Folgerungsweise gewiß ist, wenn er eingesehen hat, daß ein notwendiger Widerstreit entstehe zwischen der ursprünglichsten Forderung des Geistes, die auf Gemeinschaft und einiges Zugleichsein aller Teile geht, und zwischen der anderen Forderung, welche ihm gebietet, aus sich heraus zu gehen, und in einem schönen Fortschritt und Wechsel sich in sich selbst und in anderen zu reproduzieren, wenn dieser Widerstreit ihn immer festhält und fortzieht auf dem Wege zur Ausführung; wenn er ferner eingesehen hat, daß einmal jene Gemeinschaft und Verwandtschaft aller Teile, jener geistige Gehalt gar nicht fühlbar wäre, wenn diese nicht von dem sinnlichen Gehalte dem Grade nach, auch den harmonischen Wechsel abgerechnet, auch bei der Gleichheit der geistigen Form (des Zugleich und Beisammenseins) verschieden wäre, daß ferner jener harmonische Wechsel, jenes Fortstreben wieder nicht fühlbar und ein leeres, leichtes Schattenspiel wäre, wenn die wechselnden Teile nicht auch bei der Verschiedenheit des sinnlichen Gehalts nicht in der sinnlichen Form sich unter dem Wechsel und Fortstreben gleich bleiben; wenn er eingesehen hat, daß jener Widerstreit zwischen geistigem Gehalt (zwischen der Verwandtschaft aller Teile) und geistiger Form (dem Wechsel aller Teile), zwischen dem Verweilen und Fortstreben des Geistes, sich dadurch löse, daß eben beim Fortstreben des Geistes, beim Wechsel der geistigen Form die Form des Stoffes in allen Teilen identisch bleibe, und daß sie eben so viel ersetze, als von ursprünglicher Verwandtschaft und Einigkeit der Teile verloren werden muß im harmonischen Wechsel, daß sie den objektiven Gehalt ausmache im Gegensatze gegen die geistige Form, und dieser ihre völlige Bedeutung gebe, daß auf der anderen Seite der materielle Wechsel des Stoffes, der das Ewige des geistigen Gehalts begleitet, die Mannigfaltigkeit desselben die Forderungen des Geistes, die er in seinem Fortschritt macht, und die durch die Forderung der Einigkeit und Ewigkeit in jedem Momente aufgehalten sind, befriedige, daß eben dieser materielle Wechsel die objektive Form, die Gestalt ausmacht im Gegensatze gegen den geistigen Gehalt; wann er eingesehen hat, daß andererseits der Widerstreit zwischen dem materiellen Wechsel und der materiellen Identität*) dadurch gelöst

---

*) Materielle Identität? Sie muß ursprünglich das im Stoffe sein, von dem materiellen Wechsel, was im Geiste die Einigkeit von dem idealischen Wechsel ist; sie muß der sinnliche Berührungspunkt aller Teile sein. Der Stoff muß nämlich auch, wie der Geist, vom Dichter zu eigen gemacht und festgehalten werden mit freiem Interesse, wenn er einmal in seiner ganzen Anlage gegenwärtig ist, wenn der Eindruck, den er auf den Dichter gemacht, das erste Wohlgefallen, das auch zufällig sein könnte, untersucht, und als rezeptiv für die Behandlung des Geistes und wirksam, angemessen gefunden worden ist, für den Zweck, daß der Geist sich in sich selber und in anderen reproduziere, wenn er nach dieser Untersuchung wieder empfunden und in allen seinen Teilen wieder hervorgerufen und in einer noch unausgesprochenen, gefühlten Wirkung begriffen ist. Und diese Wirkung ist eigentlich die Identität des Stoffs, weil in ihr sich alle Teile konzentrieren. Aber sie ist unbestimmt gelassen, der Stoff ist noch unentwickelt. Er muß in allen seinen Teilen deutlich ausgesprochen, und eben hiedurch in der Lebhaftigkeit seines Totaleindrucks geweckt werden. Er muß dies, denn in der unausgesprochenen Wirkung ist er wohl dem Dichter, aber nicht anderen gegenwärtig; überdies hat dies in der unausgesprochenen Wirkung der Geist auch nicht wirklich reproduziert. Sie gibt ihm nur die Fähigkeit, die im Stoffe dazu liegt, zu erkennen, und ein Streben, die Reproduktion zu realisieren. Der Stoff muß also verteilt, der Totaleindruck muß

werde, daß der Verlust von materieller Identität (des geahndeten Totaleindrucks) vom leidenschaftlichen, die Unterbrechung fliehender Fortschritte ersetzt wird durch den immer forttönenden, alles ausgleichenden geistigen Gehalt, und der Verlust an materieller Mannigfaltigkeit, der durch das schnellere Fortstreben zum Hauptpunkt und Eindruck durch diese materielle Identität entsteht, ersetzt wird durch die immer wechselnde idealische, geistige Form; wenn er eingesehen hat, wie umgekehrterweise eben der Widerstreit zwischen geistigem, ruhigem Gehalt und geistiger wechselnder Form, so viel sie unvereinbar sind, so auch der Widerstreit zwischen materiellem Wechsel und materiellem identischem Fortstreben zum Hauptmoment, so viel sie unvereinbar sind, das eine wie das andere fühlbar macht; wenn er endlich eingesehen hat, wie der Widerstreit des geistigen Gehalts und der idealischen Form einerseits, und des materiellen Wechsels und identischen Fortstreben andererseits sich vereinigen in den Ruhepunkten und Hauptmomenten, und so viel sie in diesen nicht vereinbar sind, eben in diesen auch und eben deswegen fühlbar und gefühlt werden; wenn er dieses eingesehen hat, so kommt ihm alles an auf die Rezeptivität des Stoffs zum idealischen Gehalt und zur idealischen Form. Ist er des einen gewiß und mächtig wie des andern, der Rezeptivität

aufgehalten, und die Identität ein Fortstreben von einem Punkt zum andern werden, wo dann der Totaleindruck sich wohl also findet, daß der Anfangspunkt und Mittelpunkt und Endpunkt in der innigsten Beziehung stehen, so daß beim Beschlusse der Endpunkt auf den Anfangspunkt und dieser auf den Mittelpunkt zurückkehrt.

des Stoffs, wie des Geistes, so kann es im Hauptmomente nicht fehlen.

Wie muß nun der Stoff beschaffen sein, der für das Idealische, für seinen Gehalt, für die Metapher, und seine Form, den Übergang, vorzüglich rezeptiv ist?

Der Stoff ist entweder eine Reihe von Begebenheiten, oder Anschauungen, Wirklichkeiten, subjektiv oder objektiv zu beschreiben, zu malen, oder er ist eine Reihe von Bestrebungen, Vorstellungen, Gedanken oder Leidenschaften, Notwendigkeiten, subjektiv oder objektiv zu bezeichnen oder eine Reihe von Phantasien, Möglichkeiten, subjektiver oder objektiver zu bilden. In allen drei Fällen muß er der idealischen Behandlung*) fähig sein, wenn nämlich ein echter Grund zu den Begebenheiten, zu den Anschauungen, die erzählt, beschrieben, oder zu den Gedanken und Leidenschaften, welche gezeichnet oder zu den Phantasien, welche gebildet werden sollen, vorhanden ist, wenn die Begebenheiten oder Anschauungen hervorgehn aus rechten Bestrebungen, die Gedanken und Leidenschaften aus einer rechten Sache, die Phantasien aus schöner Empfindung. — Dieser Grund des Gedichts, seine Bedeutung, soll den Übergang bilden zwischen dem Ausdruck, dem Dargestellten, dem sinnlichen Stoffe, dem eigentlich Ausgesprochenen am Gedichte, und zwischen dem Geiste, der idealischen Behand-

---

*) Ist die Empfindung Bedeutung, so ist die Darstellung bildlich, und die geistige Behandlung ist episodisch, wie es der idealische Moment ist.

Ist die intellektuelle Anschauung Bedeutung, so ist der Ausdruck, das Materielle leidenschaftlich, die geistige Darstellung zeigt sich mehr im Stil.

Ist die Bedeutung ein eigentlicherer Zweck, so ist der Ausdruck sinnlich, die freie Behandlung metaphorisch.

lung. Die Bedeutung des Gedichts kann zweierlei heißen, so wie auch der Geist, das Idealische, wie auch der Stoff, die Darstellung, zweierlei heißen, nämlich insofern es angewandt oder unangewandt verstanden wird. Unangewandt sagen diese Worte nichts aus, als die poetische Verfahrungsweise, wie sie genialisch und vom Urteile geleitet in jedem echtpoetischen Geschäfte bemerkbar ist; angewandt bezeichnen jene Worte die Angemessenheit des jedesmaligen poetischen Wirkungskreises zu jener Verfahrungsweise, die Möglichkeit, die im Elemente liegt, jene Verfahrungsweise zu realisieren, so daß man sagen kann, im jedesmaligen Elemente liege objektiv und reell Idealisches dem Idealischen, Lebendiges dem Lebendigen, Individuelles dem Individuellen gegenüber, und es fragt sich nur, was unter diesem Wirkungskreise zu verstehen sei. Er ist das, worin und woran das jedesmalige poetische Geschäft und Verfahren sich realisiert, das Vehikel des Geistes, wodurch er sich in sich selbst und in andern reproduziert. An sich ist der Wirkungskreis größer als der poetische Geist, aber nicht für sich selber. Insofern er im Zusammenhange der Welt betrachtet wird, ist er größer; insofern er vom Dichter festgehalten und zugeeignet ist, ist er subordiniert. Er ist der Tendenz nach, dem Gehalte seines Strebens nach dem poetischen Geschäfte entgegen, und der Dichter wird nur zu leicht durch seinen Stoff irre geführt, indem dieser, aus dem Zusammenhange der lebendigen Welt genommen, der poetischen Beschränkung widerstrebt, indem er dem Geiste nicht bloß als Vehikel dienen will, indem, wenn er auch recht gewählt ist, sein nächster

Schritt und erster Fortschritt in Rücksicht auf ihn Gegensatz, und Sporn ist in Rücksicht auf die dichterische Erfüllung, so daß sein zweiter Fortschritt zum Teil unerfüllt, zum Teil erfüllt werden muß usw.

Es muß sich aber zeigen, wie dieses Widerstreits ungeachtet, in dem der poetische Geist bei seinem Geschäfte mit dem jedesmaligen Elemente und Wirkungskreise steht, dieser dennoch jenen begünstige, und wie sich jener Widerstreit auflöse; wie in dem Elemente, das sich der Dichter zum Vehikel wählt, dennoch eine Rezeptivität für das poetische Geschäft liege, und wie er alle Forderungen, die ganze poetische Verfahrungsweise in ihrem metaphorischen, ihrem hyperbolischen und ihrem ... Charakter in sich realisiere in Wechselwirkung mit dem Elemente, das zwar in seiner anfänglichen Tendenz widerstrebt und gerade entgegengesetzt ist, aber im Mittelpunkte sich mit jenen vereiniget.

Zwischen dem Ausdrucke (der Darstellung) und der freien, idealischen Behandlung liegt die Begründung und Bedeutung des Gedichts. Sie ists, die dem Gedichte seinen Ernst, seine Festigkeit, seine Wahrheit gibt, sie sichert das Gedicht davor, daß die freie, idealistische Behandlung nicht zur leeren Manier und die Darstellung nicht zur Eitelkeit werde. Sie ist das Geistigsinnliche, das Formalmaterielle des Gedichts; und wenn die idealische Behandlung in ihrer Metapher, ihrem Übergang, ihrer Episode mehr vereinigend ist, hingegen der Ausdruck, die Darstellung in ihren Charakteren, ihrer Leidenschaft, ihren Individualitäten mehr trennend, so stehet die Bedeutung mitten inne zwischen beiden; sie zeichnet sich aus dadurch, daß sie sich selber überall entgegengesetzt ist: daß sie, statt daß der Geist alles der Form nach Entgegengesetzte vergleicht, alles Einige trennt, alles Freie festsetzt, alles Besondere verallgemeinert, weil nach ihr das Behandelte nicht bloß ein individuelles Ganze, noch ein mit seinem Harmonischentgegengesetzten zum Ganzen verbundenes Ganze, sondern ein Ganzes überhaupt ist, und die Verbindung mit dem Harmonischentgegengesetzten auch möglich durch ein der individuellen Tendenz, dem Gehalte nach, aber nicht der Form nach Entgegengesetztes; daß sie durch Entgegensetzung, durch das Berühren der Extreme vereiniget, indem diese sich nicht dem Gehalte nach, aber in der Richtung und dem Grade der Entgegensetzung vergleichbar sind, so daß sie auch das Widersprechendste vergleicht und durchaus hyperbolisch ist, daß sie nicht fortschreitet durch Entgegensetzung in der Form, wo aber das erste dem zweiten dem Gehalte nach verwandt ist, sondern durch Entgegensetzung im Gehalt, wo aber das erste dem zweiten der Form nach gleich ist, so daß naive und heroische und idealische Tendenz im Objekt ihrer Tendenz sich widersprechen, aber in der Form des Widerstreits und Strebens vergleichbar sind, und einig nach dem Gesetze der Tätigkeit, also einig im Allgemeinsten, im Leben.

Eben durch dieses hyperbolische Verfahren, nach welchem das Idealische, Harmonischentgegengesetzte und Verbundene, nicht bloß als dieses, als schönes Leben, sondern auch als Leben überhaupt betrachtet, also auch als eines andern Zustandes fähig betrachtet wird, und zwar nicht eines andern Harmonischentgegengesetzten, sondern eines Geradentgegengesetzten, eines Äußersten, so daß dieser neue Zustand mit dem vorigen nur vergleichbar ist durch die Idee des Lebens überhaupt, — eben dadurch gibt der Dichter dem Idealischen einen Anfang, eine Richtung, eine Bedeutung; das Idealische in dieser Gestalt ist der subjektive Grund des Gedichts, von dem aus, auf den zurückgegangen wird, und da das innere, idealische Leben in verschiedenen Stimmungen aufgefaßt, und als Leben überhaupt als ein allgemeineres, als ein festsetzbares, als ein trennbares betrachtet werden kann, so gibt es auch verschiedene Arten des subjektiven Begründens; entweder wird die idealische Stimmung als Empfindung aufgefaßt, dann ist sie der subjektive Grund des Gedichts, die Hauptstimmung des Dichters beim ganzen Geschäfte; und eben weil sie als Empfindung festgehalten ist, wird sie durch dies Begründen als ein Verallgemeinbares aufgefaßt, — oder sie wird als Streben festgesetzt: dann wird sie die Hauptstimmung des Dichters beim ganzen Geschäfte, und daß sie als Streben festgesetzt ist, macht, daß sie als Erfüllbares durch das Begründen betrachtet wird; aber wird sie als intellektuale Anschauung festgehalten, dann ist diese die Grundstimmung des Dichters beim ganzen Geschäfte, und eben daß sie als diese festgehalten worden ist, daß sie als Realisierbares betrachtet wird. Und so fordert und bestimmt die subjektive Begründung eine objektive, und bereitet sie vor. Im ersten Fall wird also der Stoff als Allgemeines zuerst, im zweiten als Erfüllendes, im dritten als Geschehendes aufgefaßt werden.

Ist das freie, idealische poetische Leben einmal so fixiert, und ist ihm, je nachdem es fixiert war, seine Bedeutsamkeit gegeben, als verallgemeinbares, als erfüllbares, als realisierbares, ist es, auf diese Art, durch die Idee des Lebens überhaupt mit seinem direkt entgegengesetzten verbunden und hyperbolisch genommen, so fehlt in der Verfahrungsweise des poetischen Geistes noch ein wichtiger Punkt, wodurch er seinem Geschäfte nicht die Stimmung, den Ton, auch nicht die Bedeutung und Richtung, aber die Wirklichkeit gibt.

Als reines poetisches Leben betrachtet, bleibt nämlich seinem Gehalte nach, als vermöge des Harmonischen überhaupt und des zeitlichen Rangs ein mit dem Harmonischentgegengesetzten verbundenes, das poetische Leben sich durchaus einig, und nur im Wechsel der Formen ist es entgegengesetzt, nur in der Art, nicht im Grunde seines Fortstrebens; es ist nur geschwungener oder zielender oder geworfner, nur zufällig mehr oder weniger unterbrochen. Als durch die poetische Reflexion vermöge der Idee des Lebens überhaupt und des Mangels in der Einigkeit bestimmtes und begründetes Leben betrachtet, fängt es mit einer idealisch charakteristischen Stimmung an; es ist nun nicht mehr ein mit Harmonischentgegengesetztem Verbundenes überhaupt, es ist als solches in bestimmter Form vorhanden, und schreitet fort im Wechsel der Stimmungen, wo jedesmal die nachfolgende durch die vorhergehende bestimmt und ihr dem Gehalt nach, das heißt, den Organen nach, in denen sie begriffen, entgegengesetzt und insofern individueller, voller ist, so daß die verschiedenen Stimmungen nur in dem, worin das Reine seine Entgegensetzung findet, nämlich in der Art des Fortstrebens, verbunden sind, als Leben überhaupt, so daß das rein poetische Leben nicht mehr zu finden ist; denn in jeder der wechselnden Stimmungen ist es in besonderer Form, also mit seinem Geradentgegengesetzten verbunden, also nicht mehr rein, im Ganzen ist es nur als Fortstrebendes und nach dem Gesetze des Fortstrebens nur als Leben überhaupt vorhanden, und es herrscht auf diesem Gesichtspunkte durchaus ein Widerstreit von Materialem, Formalem und Reinem.

Das Reine, in jeder besonderen Stimmung begriffen, widerstreitet dem Organ, in dem es begriffen, es widerstreitet dem Reinen des andern Organs, es widerstreitet dem Wechsel.

Das Allgemeine widerstreitet als besondere Form als charakteristische Stimmung dem Reinen, welches es in dieser Stimmung begreift, es widerstreitet als Fortstreben im Ganzen dem Reinen, welches in ihm begriffen ist, es widerstreitet als charakteristische Stimmung der zunächst liegenden.

Das Individuelle widerstreitet dem Reinen, welches es begreift, es widerstreitet der zunächstliegenden Form, es widerstreitet als Individuelles dem Allgemeinen des Wechsels.

Die Verfahrungsweise des poetischen Geistes bei seinem Geschäfte kann also unmöglich hiemit enden. Wenn sie die wahre ist, so muß noch etwas anders in ihr aufzufinden sein, und es muß sich zeigen, daß die

Verfahrungsart, welche dem Gedichte seine Bedeutung gibt, nur der Übergang vom Reinen zu diesem Aufzufindenden, sowie rückwärts von diesem zum Reinen ist. (Verbindungsmittel zwischen Geist und Zeichen.)

Wenn nun das dem Geiste direkt Entgegengesetzte, das Organ, worin er enthalten und wodurch alle Entgegensetzung möglich ist, könnte betrachtet und begriffen werden, nicht nur als das, wodurch das Harmonischverbundene formal entgegengesetzt, sondern, wodurch es auch formal verbunden ist, wenn es könnte betrachtet und begriffen werden, nicht nur als das, wodurch die verschiedenen, unharmonischen Stimmungen materiell entgegengesetzt und formal verbunden, sondern wodurch sie auch materiell verbunden und formal entgegengesetzt sind, wenn es könnte betrachtet und begriffen werden nicht nur als das, was es als verbindendes bloß formales Leben überhaupt, und als Besonderes und Materielles nicht verbindend, nur entgegensetzend und trennend ist, wenn es als materielles als verbindend, wenn das Organ des Geistes könnte betrachtet werden, als dasjenige, welches, um das Harmonischentgegengesetzte möglich zu machen, rezeptiv sein muß, sowohl für das eine, wie für das andre Harmonischentgegengesetzte, daß es also, insofern es für das rein poetische Leben formale Entgegensetzung ist, auch formale Verbindung sein muß, daß es, insofern es für das bestimmte poetische Leben und seine Stimmungen materiell entgegensetzend ist, auch materiell verbindend sein muß, daß das Begrenzende und Bestimmende nicht negativ, daß es auch positiv ist, daß es zwar bei Harmonischverbundenem, abgesondert betrachtet, dem einen wie dem andern entgegensetzt ist, aber beide zusammengedacht die Vereinigung von beiden ist, dann wird derjenige Akt des Geistes, welcher in Rücksicht auf die Bedeutung nur einen durchgängigen Widerstreit zur Folge hatte, ein ebenso vereinigender sein, als er entgegensetzend war.

Wie wird er aber in dieser Qualität begriffen? als möglich und als notwendig? Nicht bloß durch das Leben überhaupt; denn so ist er es, insofern er bloß als material entgegensetzend und formal verbindend, das Leben direkt bestimmend betrachtet wird. Auch nicht bloß durch die Einigkeit überhaupt; denn so ist er es, insofern er bloß als formal entgegensetzend betrachtet wird, aber im Begriffe der Einheit des Einigen, so daß von Harmonischverbundenem eines wie das andere im Punkte der Entgegensetzung und Vereinigung vorhanden ist, und daß in diesem Punkte der Geist in seiner Unendlichkeit fühlbar ist, der durch die Entgegensetzung als Endliches erschien, nur daß das Reine, das dem Organ sich widerstritt, in eben diesem Organ sich selber gegenwärtig und so erst ein Lebendiges ist, daß, wo es in verschiedenen Stimmungen vorhanden ist, die unmittelbar auf die Grundstimmung folgende nur der verlängerte Punkt ist, der dahin, nämlich zum Mittelpunkte führt, wo sich die harmonischentgegengesetzten Stimmungen begegnen, daß also gerade im stärksten Gegensatz der ersten idealischen und zweiten künstlich reflektierten Stimmung, in der materiellsten Entgegensetzung (die zwischen dem harmonisch verbundenen, im Mittelpunkte zusammentreffenden und im Mittelpunkt gegenwärtigen Geist und Leben liegt), daß gerade in dieser materiellsten Entgegensetzung, welche sich selbst entgegengesetzt ist (in Beziehung auf den Vereinigungspunkt, wohin er strebt), in den widerstreitenden, fortstrebenden Akten des Geistes, wenn sie nur aus dem wechselseitigen Charakter der harmonischentgegengesetzten Stimmungen entstehen, daß gerade da das Unendlichste sich am fühlbarsten, am negativ-positivsten und hyperbolisch darstellt, daß durch diesen Gegensatz der Darstellung des Unendlichen im widerstreitenden Fortstreben zum Punkt, und seines Zusammentreffens im Punkt die simultane Innigkeit und Unterscheidung der harmonischentgegengesetzten, lebendigen zum Grunde liegenden Empfindung ersetzt und zugleich klarer wird, wo sie dem freien Bewußtsein gebildeter als eigene Welt der Form nach, allgemeiner als Welt in der Welt, und so als Stimme des Ewigen zum Ewigen dargestellt wird.

Der poetische Geist kann also in der Verfahrungsweise, die er bei seinem Geschäfte beobachtet, sich nicht begnügen in einem harmonischentgegengesetzten Leben, auch nicht bei dem Auffassen und Festhalten desselben durch hyperbolische Entgegensetzung; wenn er so weit ist, wenn es seinem Geschäfte weder an harmonischer Einigkeit noch an Bedeutung und Energie gebricht, weder an harmonischem Geiste überhaupt, noch an harmonischem Wechsel gebricht, so ist notwendig, wenn das Einige nicht entweder (sofern es an sich selbst betrachtet werden kann) sich selbst aufheben, als ein Ununterscheidbares, und zur leeren Unendlichkeit werden soll, oder wenn es nicht in einem Wechsel von Gegensätzen, seien diese auch noch so harmonisch, seine Identität verlieren, also nichts Ganzes und Einiges mehr sein, sondern in eine Unendlichkeit isolierter Momente (gleichsam eine Atomenreihe) zerfallen soll, — ich sage, so ist notwendig, daß der poetische Geist bei seiner Einigkeit und seinem harmonischen Progreß auch einen unendlichen Gesichtspunkt sich gebe beim Geschäfte, eine Einheit, wo im harmonischen Progreß und Wechsel alles vor- und rückwärts gehe, und durch seine durchgängige charakteristische Beziehung auf diese Einheit nicht bloß objektiven Zusammenhang, für den Betrachter, auch gefühlten und fühlbaren Zusammenhang und Identität im Wechsel der Gegensätze gewinne. Und es ist seine letzte Aufgabe, beim harmonischen Wechsel einen Faden, eine Erinnerung zu haben, damit der Geist nie im einzelnen Momente, und wieder einem einzelnen Momente, sondern in einem Momente wie im andern fortdauernd, und in den verschiedenen Stimmungen sich gegenwärtig bleibe, so wie er sich ganz gegenwärtig ist, in der unendlichen Einheit, welche einmal Scheidepunkt des Einigen als Einigen, dann aber auch Vereinigungspunkt des Einigen als Entgegengesetzten, endlich auch beides zugleich ist, so daß in ihr das Harmonischentgegengesetzte weder als Einiges entgegengesetzt, noch als Entgegengesetztes vereinigt, sondern als beides in Einem, als Einigentgegengesetztes unzertrennlich gefühlt, und als Gefühltes empfunden wird. Dieser Sinn ist eigentlich poetischer Charakter, weder Genie noch Kunst, poetische Individualität; nur in dieser allein ist die Identität der Begeisterung und die Vollendung des Genies und der Kunst, die Vergegenwärtigung des Unendlichen, der göttliche Moment gegeben.

Sie ist also nie bloß Entgegensetzung des Einigen, auch nie bloß Beziehung, Vereinigung des Entgegengesetzten und Wechselnden, Entgegengesetztes und Einiges ist in ihr unzertrennlich. Wenn dies ist, so kann sie in ihrer Reinheit und subjektiven Ganzheit, als ursprünglicher Sinn, zwar in den Akten des Entgegensetzens und Vereinigens, womit sie in harmonischentgegengesetztem Leben wirksam ist, passiv sein; aber in ihrem letzten Akt, wo das Harmonischentgegengesetzte als Harmonisches, Entgegengesetztes, das Einige als Wechselwirkung in ihr als Eines begriffen ist, in diesem Akte kann und darf sie schlechterdings nicht durch sich selbst begriffen, sich selber zum Objekte werden, wenn sie nicht statt einer unendlich einigen und lebendigen Einheit eine tote und tötende Einheit, ein unendlich positives Gewordenes sein soll; denn wenn Einigkeit und Entgegensetzung in ihr unzertrennlich verbunden und Eines ist, so kann sie der Reflexion weder als entgegensetzbares Einiges, noch als vereinbares Entgegengesetztes erscheinen; sie kann also gar nicht erscheinen, oder nur im Charakter eines positiven Nichts, eines unendlichen Stillstands. Und es ist die Hyperbel aller Hyperbeln, der kühnste und letzte Versuch, wodurch er diese Individualität und ihr reines Objekt, das einige und lebendige, harmonische, wechselseitig wirksame Leben aufhöbe, — und doch muß er es! Denn da er alles, was er in seinem Geschäfte ist, mit Freiheit sein soll und muß, indem er eine eigene Welt schafft, und der Instinkt natürlicherweise zur eigentlichen Welt, in der er da ist, gehört: da er also alles mit Freiheit sein soll, so muß er sich auch dieser seiner Individualität versichern. Da er sie aber nicht durch sich selbst und an sich selbst erkennen kann, so ist ein äußeres Objekt notwendig, und zwar ein solches, wodurch die reine Individualität unter mehreren besonderen, weder bloß entgegensetzenden noch bloß beziehenden, sondern poetischen Charakteren, die sie annehmen kann, irgend einen anzunehmen bestimmt werde, so daß also sowohl an der reinen Individualität als an den andern Charakteren die jetzt gewählte Individualität und ihr durch den jetzt gewählten Stoff bestimmter Charakter erkennbar und mit Freiheit festzuhalten ist.

a) Wie ist es aber möglich? im Allgemeinen?

b) Wie es auf solche Art möglich wird, daß das Ich sich in poetischer Individualität erkenne und verhalte, welches Resultat entspringt daraus für die poetische Darstellung?

a) Wenn der Mensch in diesem Alleinsein, in diesem Leben mit sich selbst, diesem widersprechenden Mittelzustande zwischen natürlichem Zusammenhange mit einer natürlich vorhandenen Welt, und zwischen dem höhern Zusammenhange mit einer auch natürlich vorhandenen, aber mit freier Wahl zur Sphäre erkornen, voraus erkannten und in allen ihren Einflüssen nicht ohne seinen Willen ihn bestimmenden Welt, wenn er in jenem Mittelzustande zwischen Kindheit und reiner Humanität, zwischen mechanisch schönem und menschlich schönem, mit Freiheit schönem Leben gelebt hat, und diesen Mittelzustand erkannt und erfahren, wie er schlechterdings im Widerspruche mit sich selber, im notwendigen Widerstreite 1. des Strebens zur reinen Selbstheit und Identität, 2. des Strebens zur Bedeutendheit und Unterscheidung, 3. des Strebens zur Harmonie verbleiben, und wie in diesem Widerstreite jede dieser Bestrebungen sich aufheben und als unrealisierbar sich zeigen. muß, wie er also resignieren, in Kindheit zurückfallen oder in fruchtlosen Widersprüchen mit sich selber sich aufreiben muß, wenn er in diesem Zustande verharrt, so ist Eines, was ihn aus dieser traurigen Alternative zieht, und das Problem, frei zu sein, wie ein Jüngling, und in der Welt zu leben, wie ein Kind, die Unabhängigkeit eines kultivierten Menschen, und die Akkomodation eines gewöhnlichen Menschen löst sich auf in Befolgung der Regel:

Setze dich mit freier Wahl in harmonische Entgegensetzung mit einer äußeren Sphäre, so wie du in dir selber in harmonischer Entgegensetzung bist, von Natur, aber unerkennbarerweise, so lange du in dir selbst bleibst.

Denn hier, in Befolgung dieser Regel, ist ein wichtiger Unterschied von dem Verhalten im ewigen Zustande.

Im ewigen Zustande, in dem des Alleinseins nämlich, konnte darum die harmonischentgegengesetzte Natur nicht zur erkennbaren Einheit werden, weil das Ich, ohne sich aufzuheben, sich weder als tätige Einheit setzen und erkennen konnte, ohne die Realität der Unterscheidung, also die Realität des Erkennens aufzuheben, noch als leidende Einheit, ohne die Realität der Einheit, ihr Kriterium der Identität, nämlich die Tätigkeit aufzuheben. Und daß das Ich, indem es seine Einheit im Harmonischentgegengesetzten, und das Harmonischentgegengesetzte in seiner Einheit zu erkennen strebt, sich so absolut und dogmatisch als tätige Einheit, oder als leidende Einheit setzen muß, entstehet daher, weil es, um sich selber durch sich selber zu erkennen, die natürliche innige Verbindung, in der es mit sich selber steht und wodurch das Unterscheiden ihm erschwert wird, nur durch eine unnatürliche (sich selber aufhebende) Unterscheidung ersetzen kann, weil es so von Natur eines in seiner Verschiedenheit mit sich selber ist, daß die zur Erkenntnis notwendige Verschiedenheit, die es sich durch Freiheit gibt, nur in Extremen möglich ist, also nur in Streben, in Denkversuchen, die auf diese Art realisiert, sich selber aufheben würden, weil es, um seine Einheit im (subjektiven) Harmonischentgegengesetzten und das (subjektive) Harmonischentgegengesetzte in seiner Einheit zu erkennen, notwendigerweise von sich selber abstrahieren muß, insofern es im (subjektiven) Harmonischentgegengesetzten gesetzt ist, und auf sich reflektieren, insofern es nicht im subjektiven Harmonischentgegengesetzten gesetzt ist, und umgekehrt. Da es aber diese Abstraktion von seinem Sein im subjektiven Harmonischentgegengesetzten, und diese Reflexion aufs Nichtsein in ihm nicht machen kann, ohne sich und das Harmonischentgegengesetzte, ohne das subjektive Harmonische und Entgegengesetzte und die Einheit aufzuheben, so müssen auch die Versuche, die es auf diese Art dennoch macht, solche Versuche sein, die, wenn sie auf diese Art realisiert würden, sich selbst aufhöben.

Dies ist also der Unterschied zwischen dem Zustande des Alleinseins (der Ahnung seines Wesens) und dem neuen Zustande, wo sich der Mensch mit seiner äußern Sphäre durch freie Wahl in harmonische Entgegensetzung setzt, daß er, eben weil er mit dieser nicht so innig verbunden ist, von dieser abstrahieren und von sich, insofern er in ihr gesetzt ist, und auf sich reflektieren kann, insofern er nicht in ihr gesetzt ist; dies ist der Grund, warum er aus sich herausgeht, dies die Regel für seine Verfahrungsart in der äußern Welt. Auf diese Art erreicht er seine Bestimmung, welche ist — Erkenntnis des Harmonischentgegengesetzten in ihm, in seiner Einheit und Individualität, und hin wiederum Erkenntnis, Identität seiner Einheit und Individualität im Harmonischentgegengesetzten. — Dies ist die wahre Freiheit seines Wesens; und wenn er an dieser äußerlichen harmonischentgegengesetzten Sphäre nicht zu sehr hängt, nicht identisch mit ihr wird, wie mit sich selbst, so daß er nimmer von ihr abstrahieren kann, noch auch zu sehr an sich hängt, und von sich als Unabhängigem zu wenig abstrahieren kann, wenn er weder auf sich zu sehr reflektiert, noch auf seine Sphäre und Zeit zu sehr reflektiert, dann ist er auf dem rechten Wege seiner Bestimmung. Die Kindheit des gewöhnlichen Lebens, wo er identisch mit der Welt war, und

gar nicht von ihr abstrahieren konnte, ohne Freiheit
war, deswegen ohne Erkenntnis seiner selbst im Harmonischentgegengesetzten, noch des Harmonischentgegengesetzten in ihm selbst, an sich betrachtet, ohne
Festigkeit, Selbständigkeit, eigen Wesen, Identität im
reinen Leben, diese Zeit wird von ihm als die Zeit der
Wünsche betrachtet werden, wo der Mensch sich im
Harmonischentgegengesetzten und jenes in ihm selber
als Einheit zu erkennen strebt, dadurch daß er sich dem
objektiven Leben ganz hingibt, wo aber sich die Unmöglichkeit einer erkennbaren Identität im Harmonischentgegengesetzten objektiv zeigt, wie sie subjektiv schon
gezeigt worden ist. Denn da er in diesem Zustande sich
gar nicht in seiner subjektiven Natur kennt, bloß objektives Leben im Objektiven ist, so kann er die Einheit
im Harmonischentgegengesetzten nur dadurch zu erkennen streben, daß er in einer Sphäre, von der er so
wenig abstrahieren kann als der subjektive Mensch von
seiner subjektiven Sphäre eben so verfährt, wie dieser
in der seinen. Er ist in ihr gesetzt als in Harmonischentgegengesetztem. Er muß sich zu erkennen streben,
sich von sich selber in ihr zu unterscheiden suchen, indem er sich zum Entgegensetzenden macht, insoferne
sie harmonisch ist, und zum Vereinenden, insofern sie
entgegengesetzt ist. Aber wenn er sich in dieser Verschiedenheit zu erkennen strebt, so muß er entweder
die Realität des Widerstreits, indem er sich mit sich
selber findet, vor sich selber leugnen, und dies widerstreitende Verfahren für eine Täuschung und Willkür
halten, die bloß dahin sich äußert, damit er seine

Identität im Harmonischentgegengesetzten erkenne. Aber dann ist auch diese seine Identität als Erkanntes eine Täuschung; oder er hält jene Unterscheidung für reell, daß er nämlich als Vereinendes und als Unterscheidendes sich verhalte, je nachdem er in seiner objektiven Sphäre ein zu Unterscheidendes oder zu Vereinendes vorfinde, setzt sich also als Vereinendes und als Unterscheidendes abhängig und weil dies in seiner objektiven Sphäre stattfinden soll, von der er nicht abstrahieren kann, ohne sich selber aufzugeben, absolut abhängig, so daß er weder als Vereinendes, noch als Entgegensetzendes sich selber, seinen Akt erkennt. In diesem Falle kann er sich wieder nicht erkennen als identisch, weil die verschiedenen Akte, in denen er sich findet, nicht seine Akte sind. Er kann sich gar nicht erkennen, er ist kein Unterschiedenes, seine Sphäre ist es, in der er sich mechanisch so verhält. Aber wenn er nun auch als identisch mit dieser sich setzen wollte und den Widerstreit des Lebens und der Personalität, den er immer zu vereinigen und in Einem zu erkennen strebt und streben muß, in höchster Innigkeit auflösen, so hilft es nichts, insofern er sich so in seiner Sphäre verhält, daß er nicht von ihr abstrahieren kann; denn er kann sich ebendeswegen nur in Extremen von Gegensätzen des Unterscheidens und Vereinens erkennen, weil er zu innig in seiner Sphäre lebt.

Der Mensch sucht also in einem zu subjektiven Zustande, wie in einem zu objektiven vergebens seine Bestimmung zu erreichen, welche darin besteht, daß er sich als Einheit in Göttlichem, Harmonischentgegengesetztem enthalten, so wie umgekehrt das Göttliche, Einige, Harmonischentgegengesetzte in sich als Einheit enthalten erkenne. Denn dies ist allein in schöner, göttlicher Empfindung möglich, in einer Empfindung, welche darum schön ist, weil sie weder bloß angenehm und glücklich, noch bloß erhaben und stark, noch bloß einig und ruhig, sondern alles zugleich ist, und allein sein kann in einer Empfindung, welche darum heilig ist, weil sie weder uneigennützig ihrem Objekte hingegeben, noch bloß uneigennützig auf ihrem innern Grunde ruhend, noch bloß uneigennützig zwischen ihrem innern Grunde und ihrem Objekte schwebend, sondern alles zugleich ist und allein sein kann in einer Empfindung, welche darum göttlich ist, weil sie weder bloßes Bewußtsein, bloße Reflexion (subjektive oder objektive) mit Verlust des innern und äußern Lebens, noch bloßes Streben (subjektives oder objektives) mit Verlust der innern und äußern Harmonie, noch bloße Harmonie, wie die intellektuale Anschauung und ihr mythisches, bildliches Subjekt-Objekt, mit Verlust des Bewußtseins und der Einheit, sondern weil sie alles dies zugleich ist und allein sein kann, in einer Empfindung, welche darum transzendental ist und dies allein sein kann, weil sie in Vereinigung und Wechselwirkung der genannten Eigenschaften weder zu angenehm und sinnlich, noch zu energisch und mild, noch zu innig und schwärmerisch, weder zu eigennützig, d. h. zu eigenmächtig auf ihrem innern Grunde ruhend, noch zu uneigennützig, d. h. zu unentschieden und leer und unbestimmt zwischen ihrem innern Grunde und ihrem Objekte schwebend, weder zu reflektiert, sich ihrer zu bewußt, zu scharf und eben deswegen ihres innern und äußern Grundes unbewußt, noch zu bewegt, zu sehr in ihrem innern und äußern Grunde begriffen, eben deswegen wenigstens der Harmonie des Innern und Äußern unbewußt, noch zu harmonisch, eben deswegen sich ihrer selbst und des innern und äußern Grundes zu wenig bewußt, eben deswegen zu unbestimmt und des eigentlich Unendlichen, welches durch sie als eine bestimmte, wirkliche Unendlichkeit als außerhalb liegend bestimmt wird, weniger empfänglich und geringerer Dauer fähig ist. Kurz, sie ist, weil sie in dreifacher Eigenschaft vorhanden ist, und dies allein sein kann, weniger einer Einseitigkeit ausgesetzt in irgendeiner der drei Eigenschaften. Im Gegenteil erwachsen aus ihr ursprünglich alle die Kräfte, welche jene Eigenschaften zwar bestimmter und erkennbarer, aber auch isolierter besitzen, so wie sich jene Kräfte und ihre Eigenschaften und Äußerungen auch wieder in ihr konzentrieren, und in ihr und durch gegenseitigen Zusammenhang lebendige, für sich selbst bestehende Bestimmtheit, als Organe von ihr, und Freiheit als zu ihr gehörig und nicht in ihrer Beschränktheit auf sich selber eingeschränkt und Vollständigkeit, als in ihrer Ganzheit begriffen gewinnen. Jene drei Eigenschaften mögen als Bestrebungen, das Harmonischentgegengesetzte in der lebendigen Einheit oder diese in jenem zu erkennen, im subjektiveren oder objektiveren Zustande sich äußern. Denn eben diese verschiedenen Zustände gehen auch aus ihr als der Vereinigung derselben hervor.

WINK FÜR DIE DARSTELLUNG UND SPRACHE

Ist die Sprache nicht, wie die Erkenntnis, von der die Rede war, und von der gesagt wurde, daß in ihr, als Einheit, das Einige enthalten seie, und umgekehrt? und daß sie dreifacher Art sei usw.

Muß nicht für das eine wie für das andere der schönste Moment da liegen, wo der eigentliche Ausdruck, die geistigste Sprache, das lebendigste Bewußtsein, wo der Übergang von einer bestimmten Unendlichkeit zur allgemeineren liegt? Liegt nicht eben hierin der feste Punkt, wodurch der Folge der Zeichnung, ihre Verhältnisart und der Totalfarbe, wie der Beleuchtung ihr Charakter und Grad bestimmt wird?

Wird nicht alle Beurteilung der Sprache sich darauf reduzieren, daß man nach den sichersten und möglich untrüglichsten Kennzeichen sie prüft, ob sie die Sprache einer echten, schön beschriebenen Empfindung sei?

So wie die Erkenntnis die Sprache ahndet, so erinnert sich die Sprache der Erkenntnis.

Die Erkenntnis ahndet die Sprache, nachdem sie 1. noch unreflektierte, reine Empfindung des Lebens war, der bestimmten Unendlichkeit, worin sie enthalten ist, 2. nachdem sie sich in den Dissonanzen des innerlichen Reflektierens und Strebens und Dichtens wiederholt hatte, und nun, nach diesen vergebenen Versuchen, sich innerlich wiederzufinden und zu reproduzieren, nach diesen verschwiegenen Ahndungen, die auch ihre Zeit haben müssen, über sich selbst hinausgeht, und in der ganzen Unendlichkeit sich wiederfindet, d. h. durch die stofflose, reine Stimmung, gleichsam durch den Wiederklang der ursprünglichen, lebendigen Empfindung, den es gewann und gewinnen konnte durch die gesamten Wirkungen aller innerlichen Versuche, durch diese höhere, göttliche Empfänglichkeit, die seines ganzen innern und äußern Lebens mächtig und inne wird. In eben diesem Augenblicke, wo sich die ursprüngliche, lebendige, nun zur reinen, eines Unendlichen empfänglichen Stimmung geläuterte Empfindung, als Unendliches im Unendlichen, als geistiges Ganze im lebendigen Ganzen befindet, in diesem Augenblicke ist es, wo man sagen kann, daß die Sprache geahndet wird, und wenn nun wie in der ursprünglichen Empfindung eine Reflexion erfolgte, so ist sie nicht mehr auflösend und verallgemeinernd, verteilend und abbildend bis zur bloßen Stimmung, sie gibt dem Herzen alles wieder, was sie ihm nahm, sie ist belebende Kunst, wie sie zuvor vergeistigende Kunst war, und mit einem Zauberschlage um den andern ruft sie das verlorene Leben schöner hervor, bis es wieder so ganz sich fühlt, wie es sich ursprünglich fühlte. Und wenn es der Gang und die Bestimmung des Lebens überhaupt ist, aus der ursprünglichen Einfalt sich zur höchsten Form zu bilden, wo dem Menschen ebendeswegen das unendliche Leben gegenwärtig ist, und wo er als das Abstrakteste alles nur um so inniger aufnimmt, dann aus dieser höchsten Entgegensetzung und Vereinigung des Lebendigen und Geistigen, des formalen und des materialen Subjekts-Objekts, dem Geistigen sein Leben, dem Lebendigen seine Gestalt, dem Menschen seine Liebe und sein Herz, und seiner Welt den Dank wiederzubringen, und endlich nach erfüllter Ahndung und Hoffnung, wenn nämlich in der Äußerung jener höchste Punkt der Bildung, die höchste Form im höchsten Leben vorhanden war, und nicht bloß an sich selbst, wie im Anfang der eigentlichen Äußerung, noch im Streben, wie im Fortgang derselben, wo die Äußerung das Leben aus dem Geiste und aus dem Leben den Geist hervorruft, sondern, wo sie das ursprüngliche Leben in der höchsten Form gefunden hat (wo Geist und Leben auf beiden Seiten gleich ist) und ihren Fund, das Unendliche im Unendlichen erkennt, nach dieser letzten und dritten Vollendung, die nicht bloß ursprüngliche Einfalt des Herzens und Lebens, wo sich der Mensch unbefangen als in einer beschränkten Unendlichkeit fühlt, auch nicht bloß errungene Einfalt des Geistes, wo eben jene Empfindung zur reinen, formalen Stimmung geläutert, die ganze Unendlichkeit des Lebens aufnimmt (und Ideal ist), sondern der aus dem unendlichen Leben wiederbelebte Geist nicht Glück, nicht Ideal, sondern gelungenes Werk und Schöpfung ist, und nie in der Äußerung gefunden werden und außerhalb der Äußerung nur in dem aus ihrer bestimmten ursprünglichen Empfindung hervorgegangenen Ideale gehofft werden kann, wie endlich nach dieser dritten Vollendung, wo die bestimmte Unendlichkeit so weit ins Leben gerufen, die unendliche so weit vergeistigt ist, daß eines an Geist und Leben dem andern gleich ist, wie nach dieser dritten Vollendung das Bestimmte immer mehr belebt, das Unendliche immer mehr vergeistigt wird, bis die ursprüngliche Empfindung ebenso als Leben endigt, wie sie in der Äußerung als Geist anfing, und sich die höhere Unendlichkeit, aus der sie ihr Leben nahm, ebenso vergeistigt, wie sie in der Äußerung als Lebendiges vorhanden war, — also wenn dies der Gang und die Bestimmung der Menschen überhaupt zu sein scheint, so ist ebendasselbe der Gang und die Bestimmung aller und jeder Poesie, und wie auf jener Stufe der Bildung, wo der Mensch aus ursprünglicher Kindheit hervorgegangen in entgegengesetzten Versuchen sich zur höchsten Form, zum reinen Wiederklang der ersten Lebenemporgerungen hat, und so als unendlicher Geist im unendlichen Leben sich fühlt, wie der Mensch auf der Stufe der Bildung erst eigentlich das Leben antritt und sein Wirken und seine Bestimmung ahndet, so ahndet der Dichter auf jener Stufe, wo er auch aus einer ursprünglichen Empfindung durch entgegengesetzte Versuche sich zum Ton, zur höchsten reinen Form derselben Empfindung emporgerungen hat und ganz in seinem ganzen innern und äußern Leben mit jenem Tone sich begriffen sieht, auf dieser Stufe ahndet er seine Sprache, und mit ihr die eigentliche Vollendung für die jetzige und zugleich für alle Poesie.

Es ist schon gesagt worden, daß auf jener Stufe eine neue Reflexion eintrete, welche dem Herzen alles wiedergebe, was sie ihm genommen habe, welche für den Geist des Dichters und seines zukünftigen Gedichts belebende Kunst sei, wie sie für die ursprüngliche Empfindung des Dichters und seines Gedichts seine vergeistigende Kunst gewesen. Das Produkt dieser schöpferischen Reflexion ist die Sprache. Indem sich nämlich der Dichter mit dem reinen Ton seiner ursprünglichen Empfindung in seinem ganzen innern und äußern Leben begriffen fühlt und sich umsieht in seiner Welt, ist ihm diese eben so neu und unbekannt, die Summe aller seiner Erfahrungen, seines Wissens, seines Anschauens, seines Gedenkens: Kunst und Natur, wie sie in ihm und außer ihm sich darstellt, alles ist wie zum ersten Male, eben deswegen unbegriffen, unbestimmt, in lauter Stoff und Leben aufgelöst, ihm gegenwärtig, und es ist vorzüglich wichtig, daß er in diesem Augenblicke nichts als gegeben annehme, von nichts Positivem ausgehe, daß die Natur und Kunst, so wie er sie früher gelernt hat und sah, nicht eher spreche, ehe für ihn eine Sprache da ist, d. h. ehe das jetzt Unbekannte und Ungenannte in seiner Welt eben dadurch für ihn bekannt und namhaft wird, daß es mit seiner Stimmung verglichen und als übereinstimmend erfunden worden ist; denn wäre vor der Reflexion auf den unendlichen Stoff und die unendliche Form irgendeine Sprache der Natur und Kunst für ihn in bestimmter Gestalt da, so wäre er insofern nicht innerhalb seines Wirkungskreises; er träte aus seiner Schöpfung heraus, und die Sprache der Natur oder der Kunst, jeder *modus exprimendi* der einen oder der andern wäre erstlich, insofern sie nicht seine Sprache, nicht aus seinem Leben und aus seinem Geiste hervorgegangenes Produkt, sondern als Sprache der Kunst, sobald sie in bestimmter Gestalt mir gegenwärtig ist, schon zuvor ein bestimmender Akt der schöpferischen Reflexion des Künstlers war, welcher darin bestand, daß er aus seiner Welt, aus der Summe seines äußern und innern Lebens, das mehr oder weniger auch das meinige ist, daß er aus dieser Welt den Stoff nahm, um die Töne seines Geistes zu bezeichnen, aus seiner Stimmung das zum Grunde liegende Leben durch dies verwandte Zeichen hervorzurufen, daß er also, insofern er nur dieses Zeichen nennt, aus meiner Welt den Stoff entlehnt, mich veranlaßt, diesen Stoff in das Zeichen überzutragen, wo dann derjenige wichtige Unterschied zwischen mir als bestimmtem und ihm als bestimmendem ist, daß er, indem er sich verständlich und faßlich macht, von der leblosen, immateriellen, eben deswegen weniger entgegensetzbaren und bewußtloseren Stimmung abgeht, eben dadurch, daß er sie erklärt 1. in ihrer Unendlichkeit der Zusammenstimmung durch eine sowohl der Form als Materie nach verhältnismäßige Totalität verwandten Stoffs und durch eine idealisch wechselnde Welt, 2. in ihrer Bestimmtheit und eigentlichen Endlichkeit durch die Darstellung und Aufzählung ihres eigenen Stoffs, 3. in ihrer Tendenz, ihrer Allgemeinheit im besonderen, durch den Gegensatz ihres eigenen Stoffs zum unendlichen Stoff, 4. in ihrem Maß, in der schönen Bestimmtheit und Einheit und Festigkeit ihrer unendlichen Zusammenstimmung, in ihrer unendlichen Identität und Individualität und Haltung, in ihrer poetischen Prosa eines allbegrenzenden Moments, wohin und worin sich negativ und eben deswegen ausdrücklich und sinnlich alle genannten Stücke beziehen und vereinigen, nämlich die unendliche Form mit dem unendlichen Stoffe dadurch, daß durch jenen Moment die unendliche Form ein Gebild, den Wechsel des Schwachen und Starken, der unendliche Stoff einen Wohlklang, einen Wechsel des Hellen und Leisen annimmt, und sich beide in der Langsamkeit und Schnelligkeit, endlich im Stillstande der Bewegung negativ vereinigen, immer durch ihn und die ihm zum Grunde liegende Tätigkeit, die unendliche schöne Reflexion, welche in der durchgängigen Begrenzung zugleich durchgängig beziehend und vereinigend ist.

ÜBER DIE GRENZEN DER LYRISCHEN, EPISCHEN UND TRAGISCHEN POESIE

Das lyrische, dem Schein nach idealische Gedicht ist in seiner Bedeutung naiv. Es ist eine fortgehende Metapher eines Gefühls.

Das epische, dem Schein nach naive Gedicht ist in seiner Bedeutung heroisch. Es ist die Metapher großer Bestrebungen.

Das tragische, dem Schein nach heroische Gedicht ist in seiner Bedeutung idealisch. Es ist die Metapher einer intellektuellen Anschauung.

Das lyrische Gedicht ist in seiner Grundstimmung das sinnlichere, indem diese eine Einigkeit enthält, die am leichtesten sich gibt, eben darum strebt der äußere Schein nicht so wohl nach Wirklichkeit und

Heiterkeit und Anmut, er gehet der sinnlichen Verknüpfung und Darstellung so sehr aus dem Wege (weil der reine Grundton eben dahin sich neigen möchte), daß sie in ihren Bildungen und der Zusammenstellung derselben gerne wunderbar und übersinnlich ist; und die heroischen, energischen Dissonanzen, wo sie weder ihre Wirklichkeit, ihr Lebendiges, wie im idealischen Bilde, noch ihre Tendenz zur Erhebung, wie im unmittelbaren Ausdruck verliert, diese energischen, heroischen Dissonanzen, die Erhebung und Leben vereinigen, sind die Auflösung des Widerspruchs, in den sie gerät, indem sie von einer Seite nicht ins Sinnliche fallen, von der andern ihren Grundton, das innige Leben, nicht verleugnen kann und will. Ist ihr Grundton jedoch heroischer, gehaltreicher, wie z. B. in der einen Pindarischen Hymne an den Fechter Diagoras, hat er also an Innigkeit weniger zu verlieren, so fängt sie naiv an; ist er idealischer, dem kunstvollen, dem uneigentlichen Tone verwandter, hat er also an Leben weniger zu verlieren, so fängt sie heroisch an; ist er am innigsten, hat er an Gehalt, noch mehr aber an Erhebung, Reinheit des Gehalts zu verlieren, so fängt sie idealisch an.

Im lyrischen Gedichte fällt der Nachdruck auf die unmittelbare Empfindungssprache, auf das Innigste, das Verweilen, die Haltung auf das Heroische, die Richtung auf das Idealische zu.

Das epische, dem äußern Scheine nach naive Gedicht ist in seiner Grundstimmung das pathetischere, das energischere, aorgischere. Es strebt deswegen in seiner Ausführung, seinem Kunstcharakter nicht sowohl nach Energie und Bewegung und Leben, als nach Präzision und Ruhe und Bildlichkeit. Der Gegensatz seiner Grundstimmung mit seinem Kunstcharakter, seines eigentlichen Tons mit seinem uneigentlichen, metaphorischen löst sich im Idealischen auf, wo es von einer Seite nicht so viel an Leben verliert, wie in seinem abgegrenzten Kunstcharakter, noch an Moderation so viel, wie bei der unmittelbareren Äußerung seines Grundtones. Ist sein Grundton, der wohl auch verschiedener Stimmung sein kann, idealischer, hat er weniger an Leben zu verlieren und hingegen mehr Anlage zur Organisation, Ganzheit, so kann das Gedicht mit seinem Grundtone, dem heroischen, anfangen — μηνιν αειδε θεα — und heroischepisch sein. Hat der unepische Grundton weniger idealische Anlage, hingegen mehr Verwandtschaft mit dem Kunstcharakter, welcher der naive ist, so fängt er idealisch an; hat der Grundton seinen eigentlichen Charakter so sehr, daß er darüber an Anlage zum Idealen, noch mehr aber zur Naivität verlieren muß, so fängt er naiv an. (Wenn das, was den Grundton und den Kunstcharakter eines Gedichtes vereinigt und vermittelt, der Geist des Gedichts ist, und dieser am meisten gehalten werden muß, und dieser Geist im epischen Gedichte das Idealische ist, so muß das epische Gedicht bei diesem am meisten verweilen, da hingegen auf den Grundton, der hier der naivepische ist, am meisten Nachdruck, und auf das Naive, als den Charakter, die Richtung fallen, und alles darin sich konzentrieren, und darin sich auszeichnen und individualisieren muß.)

Das tragische, in seinem äußeren Scheine heroische Gedicht ist, seinem Grundtone nach, idealisch, und allen Werken dieser Art muß eine intellektuale Anschauung zum Grunde liegen, welche keine andere sein kann, als jene Einigkeit mit allem, was lebt, die zwar von dem beschränkteren Gemüte nicht gefühlt, die in seinen höchsten Bestrebungen nur geahndet, aber vom Geiste erkannt werden kann, und aus der Unmöglichkeit einer absoluten Trennung und Vereinzelung hervorgeht, und am leichtesten sich ausspricht dadurch, daß man sagt, die wirkliche Trennung und mit ihr alles wirklich Materielle, Vergängliche, so auch die Verbindung und mit ihr alles wirklich Geistige, Bleibende, das Objektive als solches, so auch das Subjektive als solches, seien nur ein Zustand des ursprünglich Einigen, in dem es sich befinde, weil es aus sich herausgehen müsse, des Stillstands wegen, der darum in ihm nicht stattfinden könne, weil die Art der Vereinigung in ihm nicht immer dieselbe bleiben dürfe, der Materie nach, weil die Teile des Einigen nicht immer in derselben näheren und entfernteren Beziehung bleiben dürfen, damit alles allem begegne, und jeden ihr ganzes Recht, ihr ganzes Maß von Leben werde, und jeder Teil im Fortgang dem Ganzen gleich sei an Vollständigkeit, das Ganze hingegen im Fortgang den Teilen gleich werde an Bestimmtheit, jene an Inhalt gewinnen, dieses an Innigkeit, jene an Leben, dieses an Lebhaftigkeit, jenes im Fortgange mehr sich fühle, diese im Fortgang sich mehr erfüllen; denn es ist ewiges Gesetz, daß das gehaltreiche Ganze in seiner Einigkeit nicht mit der

Bestimmtheit und Lebhaftigkeit sich fühlt, nicht in dieser sinnlichen Einheit, in welcher seine Teile, die auch ein Ganzes, nur leichter verbunden sind, sich fühlen, so daß man sagen kann, wenn die Lebhaftigkeit, Bestimmtheit, Einheit der Teile, wo sich ihre Ganzheit fühlt, die Grenze für diese übersteige, und zum Leiden, und möglichst absoluter Entschiedenheit und Vereinzelung werde, dann fühle das Ganze in diesen Teilen sich erst so lebhaft und bestimmt, wie jene sich in einem ruhigen aber auch bewegten Zustande, in ihrer beschränkteren Ganzheit fühlen (wie z. B. die lyrische, individuellere Stimmung ist, wo die individuelle Welt in ihrem vollendetsten Leben und reinsten Einigkeit sich aufzulösen strebt, und in dem Punkte, wo sie sich individualisiert, in dem Teile, worin ihre Teile zusammenlaufen, zu vergehen scheint, im innigsten Gefühle, wie da erst die individuelle Welt in ihrer Ganzheit sich fühlt, wie da erst, wo sich Fühlender und Gefühltes scheiden wollen, die individuellere Einigkeit am lebhaftesten und bestimmtesten gegenwärtig ist, und widertönt). Die Fühlbarkeit des Ganzen schreitet also in eben dem Grade und Verhältnisse fort, in welchem die Trennung in den Teilen und in ihrem Zentrum, worin die Teile und das Ganze am fühlbarsten sind, fortschreitet. Die in der intellektualen Anschauung vorhandene Einigkeit versinnlichet sich in eben dem Maße, in welchem sie aus sich herausgehet, in welchem die Trennung ihrer Teile stattfindet, die denn auch nur darum sich trennen, weil sie sich zu einig fühlen, wenn sie im Ganzen dem Mittelpunkte näher sind, oder weil sie sich nicht einig genug fühlen, der Vollständigkeit nach, wenn sie Nebenteile sind, vom Mittelpunkte entfernter liegen, oder der Lebhaftigkeit nach, wenn sie weder Nebenteile im genannten Sinne, noch wesentliche Teile im genannten Sinne sind, sondern weil sie noch nicht gewordene, weil sie erst teilbare Teile sind. — Und hier, im Übermaß des Geistes in der Einigkeit und seinem Streben nach Materialität, im Streben des Teilbaren, Unendlichern, Aorgischern, in welchem alles Organischere enthalten sein muß, weil alles bestimmter und notwendiger Vorhandene ein Unbestimmteres, unnotwendiger Vorhandenes notwendig macht, in diesem Streben des teilbaren Unendlichen nach Trennung, welches sich im Zustande der höchsten Einigkeit alles Organischen den in dieser enthaltenen Teilen mitteilt, in dieser notwendigen Willkür des Zeus liegt eigentlich der ideale Anfang der wirklichen Trennung.

Von diesem gehet sie fort bis dahin, wo die Teile in ihrer äußersten Spannung sind, wo diese sich am stärksten widerstreben. Von diesem Widerstreit gehet sie wieder in sich selbst zurück, nämlich dahin, wo die Teile, wenigstens die ursprünglich innigsten, in ihrer Besonderheit, als diese Teile in dieser Stelle des Ganzen sich aufheben, und eine neue Einigkeit entsteht. Der Übergang von der ersten zur zweiten ist wohl eben jene höchste Spannung des Widerstreits. Und der Ausgang bis zu ihm unterscheidet sich vom Rückgang dadurch, daß der erste ideeller, der zweite idealer ist, daß im ersten das Motiv ideal bestimmend, reflektiert usw., mehr aus dem Ganzen, als individuell ist, im zweiten aus Leidenschaft und den Individuen hervorgegangen ist.

Dieser Grundton ist weniger lebhaft als der lyrische, individuellere. Deswegen ist er auch, weil er universeller und der universellste ist ...

Ist im Grundton des tragischen Gedichts mehr Anlage zur Reflexion und Empfindung zu seinem mittleren Charakter, hingegen weniger Anlage zur Darstellung, weniger irdisches Element, wie es denn natürlich, daß ein Gedicht, dessen Bedeutung tiefer und dessen Haltung und Spannung und Bewegkraft stärker und zarter sich in seiner sprechendsten Äußerung so schnell und leicht nicht zeigt, wie wenn die Bedeutung und die Motive der Äußerung näher liegen, sinnlicher sind, so fängt es füglich vom idealischen Grundton an.

Ist die intellektuelle Anschauung subjektiver, und geht die Trennung vorzüglich von den konzentrierenden Teilen aus, wie bei der Antigone, so ist der Stil lyrisch, geht sie mehr von den Nebenteilen aus und ist objektiv, so ist sie episch, geht sie von dem höchsten Trennbaren, von Zeus aus, wie bei Ödipus, so ist sie tragisch.

Die Empfindung spricht im lyrischen Gedichte idealisch, die Leidenschaft naiv, die Phantasie energisch.

So wirkt auch wieder das Idealische im Gedichte auf die Empfindung (vermittelst der Leidenschaft), das Naive auf die Leidenschaft (vermittelst der Phantasie), das Energische auf die Phantasie (vermittelst der Empfindung).

Naives Gedicht
Grundton: Leidenschaft usw.   vermittelst der Phantasie

Sprache: Empfindung Leidenschaft Phantasie Empfindung
Leidenschaft Phantasie Empfindung
vermittelst der Phantasie
Wirkung: Leidenschaft Phantasie Empfindung Leidenschaft
Phantasie Empfindung Leidenschaft

Energisches Gedicht
Grundton: Phantasie usw.   vermittelst der Empfindung
Sprache: Leidenschaft Phantasie Empfindung Leidenschaft
Phantasie Empfindung Leidenschaft
vorz. vermittelst der Empfindung
Wirkung: Phantasie Empfindung Leidenschaft Phantasie
Empfindung Leidenschaft Phantasie

Idealisches Gedicht
Grundton: Empfindung usw.   vermittelst der Leidenschaft
Sprache: Phantasie Empfindung Leidenschaft Phantasie
Empfindung Leidenschaft Phantasie
vorz. vermittelst der Leidenschaft
Wirkung: Empfindung Leidenschaft Phantasie Empfindung
Leidenschaft Phantasie Empfindung
Phantasie Leidenschaft Empfindung Phantasie
Leidenschaft Empfindung Phantasie
vermittelst der Empfindung
Empfindung Phantasie Leidenschaft Empfindung
Phantasie Leidenschaft Empfindung
Stil des Lieds Diotima

In jeder Dichtart, der epischen, tragischen und lyrischen, wird ein stoffreicherer Grundton im naiven, ein intensiverer, empfindungsvollerer im idealischen, ein geistreicherer im energischen Stile sich äußern; denn wenn im geistreicheren Grundton die Trennung vom Unendlichen aus geschieht, so muß sie zuerst auf die konzentrierenden Teile oder auf das Zentrum wirken, sie muß diesen mitteilen, und insofern die

Trennung eine empfangene ist, so kann sie sich nicht bildend, nicht ihr eigenes Ganze reproduzierend äußern, sie kann nur reagieren, und dies ist der energische Anfang; durch sie erst reagiert der entgegengesetzte Hauptteil, den die ursprüngliche Trennung auch traf, der aber als der empfänglichere sie so schnell nicht wiedergab, und nun erst reagierte; durch die Wirkung und Gegenwirkung der Hauptteile werden die Nebenteile, die auch durch die ursprüngliche Trennung ergriffen waren, aber nur bis zum Streben nach Veränderung, nie bis zur wirklichen Äußerung ergriffen, durch diese Äußerung der Hauptteile usw., bis das ursprünglich Trennende zu seiner völligen Äußerung gekommen ist.

Gehet die Trennung vom Zentrum aus, so geschieht es entweder durch den empfänglicheren Hauptteil; denn dann reproduziert sich dieser im idealischen Bilde, die Trennung teilt ...

Löst sich nicht die idealische Katastrophe, dadurch daß der natürliche Anfangston zum Gegensatze wird, ins Heroische auf?

Löst sich nicht die natürliche Katastrophe, dadurch daß der heroische Anfangston zum Gegensatze wird, ins Idealische auf?

Löst sich nicht die heroische Katastrophe, dadurch daß der idealische Anfangston zum Gegensatze wird, ins Natürliche auf?

Wohl für das epische Gedicht. Das tragische Gedicht gehet um einen Ton weiter; das lyrische gebraucht diesen Ton als Gegensatz und kehrt auf diese Art, bei jedem Stil, in seinen Anfangston zurück, oder: das epische Gedicht hört mit seinem anfänglichen Gegensatz, das tragische mit dem Tone seiner Katastrophe, das lyrische mit sich selber auf, so daß das lyrische Ende ein naividealisches, das tragische ein naivheroisches, das epische ein heroischidealisches ist.

ÜBER ACHILL

Mich freut es, daß Du vom Achill sprachst. Er ist mein Liebling unter den Helden, so stark und zart, die gelungenste und vergänglichste Blüte der Heroenwelt, so ›für kurze Zeit geboren‹ nach Homer, eben weil er so schön ist. Ich möchte auch fast denken, der alte Poet laß ihn nur darum so wenig in Handlung erscheinen und lasse die andern lärmen, indes sein Held im Zelte sitzt, um ihn so wenig wie möglich unter dem Getümmel vor Troja zu profanieren. Von Ulysses konnte er Sachen genug beschreiben. Dieser ist ein Sack voll Scheidemünzen, wo man lange zu zählen hat, mit dem Golde ist man viel bälder fertig.

Am meisten aber lieb ich und bewundere den Dichter aller Dichter um seines Achilles willen. Es ist einzig, mit welcher Liebe und mit welchem Geiste er diesen Charakter durchschaut und gehalten und gehoben hat. Nimm die alten Herrn Agamemnon und Ulysses und

Nestor mit ihrer Weisheit und Torheit, nimm den Lärmer Diomed, den blindtobenden Ajax, und halte sie gegen den genialischen, allgewaltigen, melancholischzärtlichen Göttersohn, den Achill, gegen dieses *enfant gaté* der Natur, und wie der Dichter den Jüngling voll Löwenkraft und Geist und Anmut gestellt hat zwischen Altklugheit und Rohheit, und du wirst ein Wunder der Kunst in Achilles Charakter finden. Im schönsten Kontraste stehet der Jüngling mit Hektor, dem edeln, treuen, frommen Manne, der so ganz aus Pflicht und feinem Gewissen Held ist, da der andre alles aus reicher, schöner Natur ist. Sie sind sich ebenso entgegengesetzt, als sie verwandt sind, und eben dadurch wird es um so tragischer, wenn Achill am Ende als Todfeind des Hektor auftritt. Der freundliche Pratroklus gesellt sich lieblich zu Achill und schickt sich so recht zu dem Trotzigen.

Man siehet auch wohl, wie hoch Homer den Helden seines Herzens achtete. Man hat sich oft gewundert, warum Homer, der doch den Zorn des Achilles besingen wollte, ihn fast gar nicht erscheinen lasse usw. Er wollte den Götterjüngling nicht profanieren in dem Getümmel vor Troja.

Der Idealische durfte nicht alltäglich erscheinen. Und er konnt ihn wirklich nicht herrlicher und zärtlicher besingen, als dadurch, daß er ihn zurücktreten läßt, (weil sich der Jüngling in seiner genialischen Natur vom rangstolzen Agamemnon, als ein Unendlicher unendlich beleidiget fühlt,) so daß jeder Verlust der Griechen von dem Tag an, wo man den Einzigen im Heere vermißt, an seine Überlegenheit über die ganze prächtige Menge der Herren und Diener mahnt, und die seltenen Momente, wo der Dichter ihn vor uns erscheinen läßt, durch seine Abwesenheit nur desto mehr ins Licht gesetzt werden. Diese sind dann mit wunderbarer Kraft gezeichnet, und der Jüngling tritt wechselweise klagend und rächend, unaussprechlich rührend und dann wieder furchtbar so lange nacheinander auf, bis am Ende, nachdem sein Leiden und sein Grimm aufs höchste gestiegen sind, nach fürchterlichem Ausbruch das Gewitter austobt, und der Göttersohn kurz vor seinem Tode, den er vorausweiß, sich mit allem, sogar mit dem alten Vater Priamus aussöhnt.

Diese letzte Szene ist himmlisch nach allem, was vorhergegangen war...

EIN WORT ÜBER DIE ILIADE

Man ist manchmal bei sich selber uneins über die Vorzüge verschiedener Menschen; (und fast in einer Verlegenheit, wie die Kinder, wenn man sie fragt, wen sie am meisten lieben unter denen, die sie nahe angehn,) jeder hat seine eigene Vortrefflichkeit und dabei seinen eigenen Mangel; dieser empfiehlt sich uns dadurch, daß er das, worinnen er lebt, vollkommen erfüllt, indem sich sein Gemüt und sein Verstand für eine beschränktere, aber der menschlichen Natur dennoch gemäße Lage gebildet haben; wir nennen ihn einen natürlichen Menschen, weil er und seine einfache Sphäre ein harmonisches Ganze sind; aber es scheint ihm dagegen, verglichen mit andern, an Energie und dann auch wieder an tiefem Gefühl und Geist zu mangeln; ein anderer interessiert uns mehr durch Größe und Stärke und Beharrlichkeit seiner Kräfte und Gesinnungen, durch Mut und Aufopferungsgabe, aber er dünkt uns zu gespannt, zu ungenügsam, zu gewaltsam, zu einseitig in manchen Fällen, zu sehr im Widerspruche mit der Welt; wieder ein anderer gewinnt uns durch die größere Harmonie seiner inneren Kräfte, durch die Vollständigkeit und Integrität und Seele, womit er die Eindrücke aufnimmt, durch die Bedeutung, die eben deswegen ein Gegenstand, der ihn umgibt, im Einzelnen und Ganzen für ihn hat, für ihn haben kann, und die dann auch in seinen Äußerungen über den Gegenstand sich findet; und wie die Unbedeutenheit uns mehr als alles andere schmerzt, so wäre uns auch der vorzüglich willkommen, der uns das, worin wir leben, wahrhaft bedeutend nimmt, so bald er seine Art zu sehen und zu fühlen uns nur leicht genug und faßlich machen könnte; aber wir sind nicht selten versucht zu denken, daß er, indem er den Geist des Ganzen fühle, das Einzelne zu wenig ins Auge fasse, daß er, wenn andere vor lauter Bäumen den Wald nicht sehn, über dem Wald die Bäume vergesse, daß er bei aller Seele ziemlich unverständig, und deswegen auch für andere unverständlich sei.

Wir sagen uns dann auch wieder, daß kein Mensch in seinem äußern Leben alles zugleich sein könne, daß man, um ein Dasein und Bewußtsein in der Welt zu haben, sich für irgend etwas determinieren müsse, daß Neigung und Umstände den einen zu dieser, den andern zu einer andern Eigentümlichkeit bestimme, daß diese Eigentümlichkeit dann freilich am meisten zum Vorschein komme, daß aber andere Vorzüge, die wir vermissen, deswegen nicht ganz fehlen bei einem echten Charakter, und nur mehr im Hintergrunde liegen, daß diese vermißten Vorzüge...

ÜBER DIE VERSCHIEDENEN ARTEN ZU DICHTEN

Man ist manchmal bei sich selber uneins über die Vorzüge verschiedener Menschen. Jeder hat seine Vortrefflichkeit und dabei seinen eigenen Mangel. Dieser gefällt uns durch die Einfachheit und Akkuratesse und Unbefangenheit, womit er in einer bestimmten Richtung fortgeht, der er sich hingab; die Momente seines Lebens folgen sich ununterbrochen und leicht, alles hat bei ihm seine Stelle und seine Zeit; nichts schwankt, nichts stört sich, und weil er beim Gewöhnlichen bleibt, so ist er auch selten großer Mühe und großem Zweifel ausgesetzt. (Und wie er für sich selbst ist, so hält er es auch mit andern, so wirkt er auf sie. Bestimmt, klar, nicht sehr bekümmert,) immer gerade und moderat, und der

Stelle und dem Augenblicke angemessen und ganz in der Gegenwart, ist er uns, wenn wir nicht zu gespannt und hochgestimmt sind, auch niemals ungelegen; er läßt uns, wie wir sind, wir vertragen uns leicht mit ihm, er bringt uns nicht gerade um vieles weiter, interessiert uns eigentlich auch nicht tief; aber dies wünschen wir ja auch nicht immer und besonders unter gewaltsamen Erschütterungen haben wir vorerst kein echteres Bedürfnis als einen solchen Umgang, einen solchen Gegenstand, bei dem wir uns am leichtesten in einem Gleichgewichte, in Ruhe und Klarheit wiederfinden.
Wir nennen den beschriebenen Charakter vorzugsweise natürlich und haben mit dieser Huldigung wenigstens so sehr recht, als einer der sieben Weisen, welcher in seiner Sprache und Vorstellungsweise behauptet, alles sei aus Wasser entstanden. Denn wenn in der sittlichen Welt die Natur, wie es wirklich scheint, in ihrem Fortschritt immer von den einfachsten Verhältnissen und Lebensarten ausgeht, so sind jene schlichten Charaktere nicht ohne Grund die ursprünglichen, die natürlichsten zu nennen . . . .
. . . verständiget hat, so ist es für jeden, der seine Meinung darüber äußern möchte, notwendig, sich vorerst in festen Begriffen und Worten zu erklären.

So auch hier. Der natürliche Ton, der vorzüglich dem epischen Gedichte eigen, ist schon an seiner Außenseite leicht erkennbar.

Bei einer einzigen Stelle im Homer läßt sich eben das sagen, was sich von diesem Tone im Großen und Ganzen sagen läßt. (Wie überhaupt in einem guten

Gedichte eine Redeperiode das ganze Werk repräsentieren kann, so finden wir es auch bei diesem Tone und diesem Gedichte.) Ich wähle hiezu die Rede des Phönix, wo er den zürnenden Achill bewegen will, sich mit Agamemnon auszusöhnen und den Achaiern wieder im Kampfe gegen die Trojer zu helfen.

Dich auch macht ich zum Manne, du göttergleicher Achilles,
Liebend mit herzlicher Treu; auch wolltest du nimmer mit andern
Weder zum Gastmahl gehn, noch daheim in den Wohnungen essen,
Eh ich selber dich nahm, auf meine Knie dich setzend,
Und die zerschnittene Speise dir reicht und den Becher dir vorhielt.
Oftmals hast du das Kleid mir vorn am Busen befeuchtet,
Wein aus dem Munde verschüttend in unbehilflicher Kindheit.
Also hab ich so manches durchstrebt und so manches erduldet
Deinethalb; ich bedachte, wie eigene Kinder die Götter
Mir versagt, und wählte, du göttergleicher Achilles,
Dich zum Sohn, daß du einst vor traurigem Schicksal mich schirmtest.
Zähme dein großes Herz, o Achilleus! Nicht ja geziemt dir
Unerbarmender Sinn; oft wenden sich selber die Götter,
Die doch weit erhabner an Herrlichkeit, Ehr und Gewalt sind.*)

---

*) Ich brauche wohl wenigen zu sagen, daß dies Vossische Übersetzung ist, und denen, die sie noch nicht kennen, gestehe ich, daß auch ich zu meinen Bedauern erst seit kurzem damit bekannter geworden bin.

Der ausführliche, stetige, wirklich wahre Ton fällt in die Augen.

Und so hält sich dann auch das epische Gedicht im Größeren an das Wirkliche. Es ist, wenn man es in seiner Eigentümlichkeit betrachtet, ein Charaktergemälde, und aus diesem Gesichtspunkt durchaus angesehn, interessiert und erklärt sich auch eben die Iliade erst recht, von allen Seiten.*) In einem Charaktergemälde sind dann auch alle übrigen Vorzüge des natürlichen Tons an ihrer wesentlichen Stelle. Diese sichtbare sinnliche Einheit, daß alles vorzüglich vom Helden aus und wieder auf ihn zurückgeht, daß Anfang und Katastrophe und Ende an ihn gebunden ist, daß alle Charaktere und Situationen in ganzer Mannigfaltigkeit mit allem, was geschiehet und gesagt wird, wie die Punkte in einer Linie gerichtet sind, auf den Moment, wo er in seiner höchsten Individualität auftritt, diese Einheit ist, wie man leicht einsieht, nur in einem Werke möglich, das seinen eigentlichen Zweck in die Darstellung von Charakteren setzt, und wo im Hauptcharakter der Hauptquell liegt.

So folgt aus dieser Idee auch die ruhige Moderation, die dem natürlichen Tone so eigen ist, die uns die Charaktere so genau innerhalb ihrer Grenze zeigt, und die so sanft abstuft.

Der Künstler ist in der Dichtart, wovon die Rede ist,

---

*) Und wenn die Begebenheiten und Umstände, worin sich die Charaktere darstellen, so ausführlich entwickelt werden, so ist es vorzüglich darum, weil diese gerade vor den Menschen, die in ihnen leben, so erscheinen, ohne sehr alteriert und aus der gewöhnlichen Stimmung und Weise herausgetrieben zu sein.

nicht deswegen so moderat, weil er dieses Verfahren für das Einzigpoetische hält; er vermeidet z. B. die Extreme und Gegensätze nicht darum, weil er sie in keinem Falle brauchen mag; er weiß wohl, daß es am rechten Orte poetischwahre Extreme und Gegensätze der Personen, der Ereignisse, der Gedanken, der Leidenschaften, der Bilder, der Empfindungen gibt; er schließt sie nur aus, insofern sie zum jetzigen Werke nicht passen; er mußte sich einen festen Standpunkt wählen, und dieser ist jetzt das Individuum, der Charakter seines Helden, so wie er durch Natur und Bildung ein bestimmtes eignes Dasein, eine Wirklichkeit gewonnen hat. Aber eben diese Individualität des Charakters gehet notwendigerweise in Extremen verloren. Hätte Homer seinen entzündbaren Achill nicht so zärtlich sorgfältig dem Getümmel entrückt, wir würden den Göttersohn kaum noch von dem Elemente unterscheiden, das ihn umgibt, und nur, wo wir ihn ruhig im Zelte finden, wie er mit der Leier sein Herz erfreut und Siegstaten der Männer singt, indessen sein Patroklus gegenüber sitzt und schweigend harrt, bis er den Gesang vollendet, hier nur haben wir den Jüngling recht vor Augen.

Also, um die Individualität des dargestellten Charakters zu erhalten, um die es ihm jetzt gerade am meisten zu tun ist, ist der epische Dichter so durchaus moderat (und was hieraus von selbst folgt).

Und wenn die Umstände, in denen sich die epischen Charaktere befinden, so genau und ausführlich dargestellt werden, so ist es wieder nicht, weil der Dichter in diese Umständlichkeit allen poetischen Wert setzt.

kann, nicht unbekannt sind, daß wir alles, was vor und um uns aus jenem Triebe hervorgegangen ist, betrachten als aus dem gemeinschaftlichen ursprünglichen Grunde hervorgegangen, woraus er mit seinen Produkten überall hervorgeht; daß wir die wesentlichsten Richtungen, die er vor und um uns nahm, auch seine Verirrungen um uns her erkennen, und nun, aus demselben Grunde, den wir nur lebendig und überall gleich, als den Ursprung alles Bildungstriebs annehmen, unsere eigene Richtung uns vorsetzen, die bestimmt wird durch die vorhergegangenen, reinen und unreinen Richtungen, die wir aus Einsicht nicht wiederholen,*) so daß wir im Urgrunde aller Werke und Taten der Menschen uns gleich und einig fühlen mit allen, sie seien so groß oder so klein, aber in der besondern Richtung,**) die wir nehmen,...

ÜBER DIE RELIGION

Du fragst mich, wenn auch die Menschen, ihrer Natur nach, sich über die Not erheben, und so in einer mannigfaltigeren und innigeren Beziehung mit ihrer Welt sich befinden, wenn sie auch, in wie weit sie sich

---

*) Die reinen Richtungen wiederholen wir nicht...
**) Unsere besondere Richtung: Handeln. Reaktion gegen positives Beleben des Toten durch reelle Wechselvereinigung desselben.

In einem andern Falle würde er sie bis auf einen gewissen Grad vermeiden; aber hier, wo sein Standpunkt Individualität, Wirklichkeit, bestimmtes Dasein der Charaktere ist, muß auch die umgebende Welt aus diesem Standpunkte erscheinen. Und daß die umgebenden Gegenstände aus diesem Standpunkte eben in jener Genauigkeit erscheinen, erfahren wir an uns selbst, so oft wir in unserer eigenen, gewöhnlichsten Stimmung ungestört bei den Umständen gegenwärtig sind, in denen wir selber leben.

Ich wünschte noch manches hinzuzusetzen, wenn ich nicht auszuschweifen fürchtete. Ich setze nur noch hinzu, daß diese Ausführlichkeit in den dargestellten Umständen bloß Widerschein der Charaktere ist, insofern die Individuen überhaupt und noch nicht näher bestimmt sind. Das Umgebende kann noch auf eine andere Art den Charakteren angepaßt werden. In der Iliade teilt sich zuletzt die Individualität des Achill, die freilich auch dafür geschaffen ist, mehr oder weniger allem und jedem mit, was ihn umgibt, und nicht bloß den Umständen, auch den Charakteren. Bei den Kampfspielen, die dem toten Patroklus zu Ehren angestellt werden, tragen merklicher und unmerklicher die übrigen Helden des griechischen Heeres fast alle seine Farbe, und endlich scheint sich der alte Priamus in allem seinem Leide noch vor dem Heroen, der doch sein Feind war, zu verjüngen.

Aber man siehet leicht, daß dies letztere schon über den natürlichen Ton hinausgeht, so wie er bis jetzt beschrieben worden ist, in seiner bloßen Eigentümlichkeit.

In dieser wirkt er dann allerdings schon günstig auf uns durch seine Ausführlichkeit, seinen stetigen Wechsel, seine Wirklichkeit...

―――――

DER GESICHTSPUNKT, AUS DEM WIR DAS ALTERTUM ANZUSEHEN HABEN

Wir träumen von Bildung, Frömmigkeit usw. und haben gar keine, sie ist angenommen — wir träumen von Originalität und Selbständigkeit, wir glauben lauter Neues zu sagen, und alles dies doch Reaktion, gleichsam eine milde Rache gegen die Knechtschaft, womit wir uns verhalten haben gegen das Altertum. Es scheint wirklich fast keine andere Wahl offen zu sein, als erdrückt zu werden von Angenommenem und Positivem, oder mit gewaltsamer Anmaßung sich gegen alles Erlernte, Gegebene, Positive als lebendige Kraft entgegenzusetzen. Das Schwerste dabei scheint, daß das Altertum ganz unserem ursprünglichen Triebe entgegenzusein scheint, der darauf geht, das Ungebildete zu bilden, das Ursprüngliche, Natürliche zu vervollkommnen, so daß der zur Kunst geborene Mensch natürlicherweise und überall sich lieber mehr das Rohe, Ungelehrte, Kindliche holt, als einen gebildeten Stoff, wo ihm, der bilden will, schon vorgearbeitet ist. Und was allgemeiner Grund vom Untergang aller Völker war, nämlich, daß ihre Originalität ihre eigene lebendige Natur erlag unter dem positiven Formen, unter dem Luxus, den ihre Väter hervorgebracht hatten,*) das scheint auch unser Schicksal zu sein, nur in größerem Maße, indem eine fast grenzenlose Vorwelt, die wir entweder durch Unterricht oder durch Erfahrung innewerden, auf uns wirkt und drückt.**) Von der anderen Seite scheint nichts günstiger zu sein, als gerade diese Umstände, in denen wir uns befinden. Ich muß hier etwas weit ausholen und bitte die zunächstliegenden Ideen ... Es ist nämlich ein Unterschied, ob jener Bildungstrieb blind wirkt, oder mit Bewußtsein, ob er weiß, woraus er hervorging und wohin er strebt; denn dies ist der einzige Fehler der Menschen, daß ihr Bildungstrieb sich verirrt, eine falsche, überhaupt unwürdige Richtung nimmt, oder doch seine eigentümliche Stelle verfehlt, oder, wenn er diese gefunden hat, auf halbem Wege, bei den Mitteln, die ihn zu seinem Zwecke führen sollten, stehen bleibt.***) Daß dieses in hohem Grade weniger geschehe,†) wird dadurch gesichert, daß wir wissen,††) wovon und worauf jener Bildungstrieb überhaupt ausgehe, daß wir die wesentlichsten Richtungen kennen, in denen er seinem Ziele entgegengeht, daß uns auch die Umwege oder Abwege, die er nehmen

---

*) Beispiele lebhaft dargestellt.
**) Ausführung.
***) Beispiele lebhaft.
†) Vorzüglich ins Auge zu fassen!
††) In den Briefen über Homer erst Charaktere, dann Situationen, dann die Handlung, die im Charakterstück um des Charakters und des Hauptcharakters da ist, davon dann Wechsel der Töne.

über die physische und moralische Notdurft erheben, immer ein menschlich höheres Leben leben, und so in einem höheren mehr als mechanischen Zusammenhange leben, daß ein höheres Geschick zwischen ihnen und ihrer Welt sei, wenn auch wirklich dieser höhere Zusammenhang ihnen ihr Heiligstes sei, weil sie in ihm sich selbst und ihre Welt und alles, was sie haben und sehnen, vereiniget fühlen, warum sie sich den Zusammenhang zwischen sich und ihrer Welt gerade vorstellen, warum sie sich eine Idee oder ein Bild machen müssen, von ihrem Geschick, das sich genauer betrachtet weder recht denken ließe, noch auch vor den Sinnen liege?

So frägst du mich, und ich kann dir nur so viel darauf antworten, daß der Mensch auch insofern sich über die Not erhebt, als er sich seines Geschicks erinnert, daß er für sein Leben dankbar sein kann und mag, daß er seinen durchgängigen Zusammenhang mit dem Elemente, in dem er sich regt, auch durchgängiger empfindet, daß er, indem er sich in seiner Wirksamkeit und den damit verbundenen Erfahrungen über die Not erhebt, auch eine unendlichere, durchgängigere Befriedigung erfährt, als die Befriedigung der Notdurft ist; wenn anders seine Tätigkeit rechter Art, nicht für ihn, für seine Kräfte und seine Geschicklichkeit zu weit aussehend, zu unruhig, zu unbestimmt, von der andern Seite nicht zu ängstlich, zu eingeschränkt, zu mäßig ist. Greift es aber der Mensch nur recht an, so gibt es für ihn in jeder ihm eigentümlichen Sphäre ein mehr als notdürftiges, ein höheres Leben, also eine mehr als notdürftige, eine unendlichere Befriedigung. So wie eine jede Befriedigung ein momentaner Stillstand des wirklichen Lebens ist, so ist es auch eine solche unendlichere Befriedigung, nur mit einem großen Unterschiede, daß auf die Befriedigung der Notdurft eine Negative erfolgt, wie z. B. die Tiere gewöhnlich schlafen, wenn sie satt sind, auf eine unendlichere Befriedigung aber zwar auch ein Stillstand des wirklichen Lebens, aber daß dieses eine Leben im Geiste erfolgt, und daß die Kraft des Menschen das wirkliche Leben, das ihm die Befriedigung gab, im Geiste wiederholt, (bis ihn die dieser geistigen Wiederholung eigentümliche Vollkommenheit und Unvollkommenheit wieder ins wirkliche Leben treibt). Ich sage, jener unendlichere, mehr als notdürftige Zusammenhang, jenes höhere Geschick, daß der Mensch in seinem Elemente erfahre, werde auch unendlicher von ihm empfangen, befriedige ihn unendlicher, und aus dieser Befriedigung gehe das geistige Leben hervor, wo er gleichsam sein wirkliches Leben wiederhole. Insofern aber ein höherer, unendlicher Zusammenhang zwischen ihm und seinem Elemente ist, in seinem wirklichen Leben, kann dieser weder bloß in Gedanken noch bloß im Gedächtnis wiederholt werden. Denn der bloße Gedanke, so edel er ist, kann doch nur den notwendigen Zusammenhang, nur die unverbrüchlichen, allgültigen, unentbehrlichen Gesetze des Lebens wiederholen, und in eben dem Grade, in welchem er sich über dieses ihm eigentümliche Gebiet hinaus bewegt und den innigeren Zusammenhang des Lebens zu denken wagt, verleugnet er auch seinen eigentümlichen Charakter, der darin besteht (daß er nicht bloß im einzelnen Falle, sondern in jedem Falle, unter allen Umständen richtig ist), daß er ohne besondere Beispiele eingesehen und bewiesen werden kann. Jene unendlicheren mehr als notwendigen Beziehungen des Lebens können zwar auch gedacht, aber nur nicht bloß gedacht werden; der Gedanke erschöpft sie nicht, und wenn es höhere Gesetze gibt, von denen Antigone spricht, als sie, trotz des öffentlichen strengen Verbots, ihren Bruder begraben hatte — und es muß wohl solche geben, wenn jener höhere Zusammenhang keine Schwärmerei ist — ich sage, wenn es solche gibt, so sind sie, insofern sie bloß für sich und nicht im Leben begriffen gedacht werden, vorgestellt werden, unzulänglich, einmal weil jede Abstraktion in eben dem Grade, in welchem der Zusammenhang des Lebens unendlicher, die Tätigkeit und ihr Element, die Verfahrungsart und die Sphäre, in der sie beobachtet wird, also das Gesetz und die besondere Welt, in der es ausgeübt wird, unendlicher verbunden ist und schon deswegen das Gesetz, wenn es auch gleich ein für gesittete Menschen allgemeines wäre, doch niemals ohne einen besonderen Fall, niemals abstrakt gedacht werden könnte, wenn man ihm nicht seine Eigentümlichkeit, seine innige Verbundenheit mit der Sphäre, in der es ausgeübt wird, nehmen wollte. Und dann sind die Gesetze des unendlichen Zusammenhangs, in dem sich der Mensch mit seiner Sphäre befinden kann, doch immer nur die Bedingungen, um jenen Zusammenhang möglich zu machen, und nicht der Zusammenhang selbst.

Also kann dieser höhere Zusammenhang nicht bloß im Gedanken wiederholt werden. So kann man von den Pflichten der Liebe und Freundschaft und Verwandtschaft, von den Pflichten der Hospitalität, von der Pflicht, großmütig gegen Feinde zu sein, man kann von dem sprechen, was sich für die oder jene Lebensweise, für den oder jenen Stand, für dies oder jenes Alter oder Geschlecht schicke und nicht schicke, und wir haben wirklich aus den feinern, unendlichen Beziehungen des Lebens zum Teil eine arrogante Moral, zum Teil eine ekle Etikette oder auch eine schale Bestimmungsmaßregel gemacht und glauben uns mit unsern eisernen Begriffen aufgeklärter als die Alten, die jene zarten Verhältnisse als religiöse, das heißt, als solche Verhältnisse betrachteten, die man nicht so wohl an und für sich als aus dem Geiste betrachten müsse, der in der Sphäre herrsche, in der jene Verhältnisse stattfinden.*)

Und dies ist eben die höhere Aufklärung, die... Jene zartern und unendlichern Verhältnisse müssen also aus dem Geiste betrachtet werden, der in der Sphäre herrscht, in dem sie stattfinden. Dieser Geist aber, dieser unendlichere Zusammenhang, selbst... halten muß, und diesen und nichts anders meint und muß er meinen, wenn er von einer Gottheit redet, und von Herzen und nicht aus einem dienstbaren Gedächtnis oder aus Pro-

---

*) Weitere Ausführung: Inwiefern hatten sie Recht? Und sie hatten darum Recht, weil, wie wir schon gesehen haben, in eben dem Grade, in welchem sich die Verhältnisse über das physisch und moralisch Notwendige erheben, die Verfahrungsart und ihr Element auch unzulänglicher und störender sind, die in der Form und Art bestimmter Gründe absolut gedacht werden können.

fession spricht. Der Beweis liegt in wenigen Worten. Weder aus sich selbst allein, noch einzig aus den Gegenständen, die ihn umgeben, kann der Mensch erfahren, daß mehr als Maschinengang, daß ein Geist, ein Gott ist in der Welt, aber wohl in einer lebendigeren, über die Notdurft erhabnen Beziehung, in der er stehet mit dem, was ihn umgibt.

Und jeder hätte demnach seinen eigenen Gott, insofern jeder seine eigene Sphäre hat, in der er wirkt und die er erfährt, und nur insoferne mehrere Menschen eine gemeinschaftliche Sphäre haben, in der sie menschlich, d. h. über die Notdurft erhaben wirken und leiden, nur insoferne haben sie eine gemeinschaftliche Gottheit; und wenn es eine Sphäre gibt, in der alle Menschen zugleich leben, und mit der sie in mehr als notdürftiger Beziehung sich fühlen, dann, aber auch nur insoferne, haben sie alle eine gemeinschaftliche Gottheit.

Es muß aber hiebei nicht vergessen werden, daß der Mensch sich wohl auch in die Lage des andern versetzen, daß er die Sphäre des andern zu seiner eigenen Sphäre machen kann, daß es also dem einen natürlicherweise nicht so schwer fallen kann, die Empfindungsweise zu billigen von einem Göttlichen, die sich aus den besonderen Beziehungen bildet, in denen er mit der Welt steht, wenn anders jene Empfindungsweise nicht aus einem leidenschaftlichen, übermütigen oder knechtischen Leben hervorgegangen ist, woraus dann immer auch eine gleich notdürftige, leidenschaftliche Vorstellung von dem Geiste, der in diesem Leben herrsche, sich bildet, so daß dieser Geist immer die

Gestalt des Tyrannen oder des Knechts trägt. Aber auch in einem beschränkten Leben kann der Mensch unendlich leben, und auch die beschränkte Vorstellung einer Gottheit, die aus diesem seinem Leben für ihn hervorgeht, kann eine unendliche sein.*)

Also, wie einer die beschränkte, aber reine Lebensweise des andern billigen kann, so kann er auch die beschränkte, aber reine Vorstellungsweise billigen, die der andere von Göttlichem hat. Es ist im Gegenteil Bedürfnis der Menschen, so lange sie nicht gekränkt und geärgert, nicht gedrückt und nicht empört in gerechtem oder ungerechtem Kampfe begriffen sind, ihre verschiedenen Vorstellungsarten von Göttlichem eben wie die übrigen Interessen sich einander zuzugesellen, und so der Beschränktheit, die jede einzelne Vorstellungsart hat und haben muß, ihre Freiheit zu geben, indem sie in einem harmonischen Ganzen von Vorstellungsarten begriffen ist, und zugleich, eben, weil in jeder besonderen Vorstellungsart auch die Bedeutung der besonderen Lebensweise liegt, die jeder hat, der notwendigen Beschränktheit dieser Lebensweise ihre Freiheit zu geben, indem sie in einem harmonischen Ganzen von Lebensweisen begriffen ist ... d. h. solche sind, wo die Menschen, die in ihnen stehen, insofern wohl ohne einander isoliert bestehen können, und daß diese Rechtsverhältnisse erst durch ihre Störung positiv werden, d. h. daß diese Störung kein Unterlassen, sondern eine Gewalttat ist, und ebenso wieder durch Gewalt und Zwang gehindert und beschränkt wird, daß

*) Ausführung.

also auch die Gesetze jener Verhältnisse an sich negativ, und nur unter Voraussetzung ihrer Übertretung positiv sind; daß hingegen jene freieren Verhältnisse, so lange sie sind, was sie sind, ungestört bestehen.

APHORISMEN

I

Das ist das Maß der Regierung, das jedem einzelnen gegeben ist, daß der eine bei größerem, der andere nur bei schwächerem Feuer die Besinnung noch im nötigen Grade behält. Da wo die Nüchternheit dich verläßt, da ist die Grenze deiner Begeisterung. Der große Dichter ist niemals von sich selbst verlassen, er mag sich so weit über sich selbst erheben als er will. Man kann auch in die Höhe fallen, so wie in die Tiefe. Das letztere verhindert der elastische Geist, das erstere die Schwerkraft, die im nüchternen Besinnen liegt. Das Gefühl ist aber wohl die beste Nüchternheit und Besinnung des Dichters, wenn es richtig und warm und klar und kräftig ist. Es ist Zügel und Sporn dem Geist. Durch Wärme treibt es den Geist weiter, durch Zartheit und Richtigkeit und Klarheit schreibt es ihm die Grenze vor und hält ihn, daß er sich nicht verliert; und so ist es Verstand und Wille zugleich. Ist es aber zu zart und weichlich, so wird es tötend, ein nagender Wurm. Begrenzt sich der Geist, so fühlt es zu ängstlich die augenblickliche Schranke, wird zu warm, verliert die Klarheit und treibt den Geist mit einer unverständlichen Unruhe ins Grenzenlose; ist der Geist freier, und hebt er sich augenblicklich über Regel und Stoff, so fürchtet es eben so ängstlich die Gefahr, daß er sich verliere, so wie es zuvor die Eingeschränktheit fürchtete, es wird frostig und dumpf, und ermattet den Geist, daß er sinkt und stockt und an überflüssigem Zweifel sich abarbeitet. Ist einmal das Gefühl so krank, so kann der Dichter nichts Bessers tun, als daß er, weil er es kennt, sich in keinem Falle gleich schrecken läßt von ihm, und es nur so weit achtet, daß er etwas gehaltner fortfährt und so leicht wie möglich sich des Verstands bedient, um das Gefühl, es seie beschränkend oder befreiend, augenblicklich zu berichtigen, und wenn er so sich mehrmal durchgeholfen hat, dem Gefühle die natürliche Sicherheit und Konsistenz wiederzugeben. Überhaupt muß er sich gewöhnen, nicht in den einzelnen Momenten das Ganze, das er vorhat, erreichen zu wollen, und das augenblicklich Unvollständige zu ertragen; seine Lust muß sein, daß er sich von einem Augenblicke zum andern selber übertrifft, in dem Maße und in der Art, wie es die Sache erfordert, bis am Ende der Hauptton seines Ganzen gewinnt. Er muß aber ja nicht denken, daß er nur im *crescendo* vom Schwächern zum Stärkern sich selber übertreffen könne; so wird er unwahr werden, und sich überspannen; er muß fühlen, daß er an Leichtigkeit gewinnt, was er an Bedeutsamkeit verliert, daß das Stille, die Heftigkeit und das Sinnige den Schwung gar schön ersetzt, und so wird es im Fortgang seines Werks nicht einen notwendigen Ton geben, der nicht den vorhergehenden gewissermaßen überträfe, und der herrschende Ton wird es nur darum sein, weil das Ganze auf diese und keine andere Art komponiert ist.

II

Es gibt Grade der Begeisterung. Von der Lustigkeit an, die wohl der unterste ist, bis zur Begeisterung des Feldherrn, der mitten in der Schlacht unter Besonnenheit den Genius mächtig erhält, gibt es eine unendliche Stufenleiter. Auf dieser auf- und abzusteigen ist Beruf und Wonne des Dichters.

III

Man hat Inversionen der Worte in der Periode. Größer und wirksamer muß aber dann auch die Inversion der Perioden selbst sein. Die logische Stellung der Perioden — wo dem Grunde (der Grundperiode) das Werden, dem Werden das Ziel, dem Ziele der Zweck folgt, und die Nebensätze immer nur hinten angehängt sind an die Hauptsätze, worauf sie sich zunächst beziehen, — ist dem Dichter gewiß nur höchst selten brauchbar.

IV

Nur das ist die wahrste Wahrheit, in der auch der Irrtum, weil sie ihn im Ganzen ihres Systems an seine Zeit und seine Stelle setzt, zur Wahrheit wird. Sie ist das Licht, das sich selber und auch die Nacht erleuchtet. Dies ist auch die höchste Poesie, in der auch das Unpoetische, weil es zu rechter Zeit und am rechten Orte im Ganzen des Kunstwerks gesagt ist, poetisch wird.

Aber hiezu ist schneller Begriff am nötigsten. Wie kannst du die Sache am rechten Ort brauchen, wenn du noch scheu darüber verweilst, und nicht weißt, wie viel an ihr ist, wie viel oder wenig daraus zu machen! Das ist ewige Heiterkeit, ist Gottesfreude, daß man alles Einzelne in die Stelle des Ganzen setzt, wohin es gehört; deswegen ohne Verstand, oder ohne ein durch und durch organisiertes Gefühl keine Vortrefflichkeit, kein Leben.

V

Muß denn der Mensch an Gewandtheit der Kraft und des Sinnes verlieren, was er an vielumfassendem Geiste gewinnt? Ist doch keines nichts ohne das andere!

VI

Aus Freude mußt du das Reine überhaupt, die Menschen und andern Wesen verstehen, alles Wesentliche und Bezeichnende auffassen, und alle Verhältnisse nacheinander erkennen, und seine Bestandteile in ihrem Zusammenhange so lange dir wiederholen, bis wieder die lebendige Anschauung objektiver aus dem Gedanken hervorgeht, aus Freude, ehe die Not eintritt; der Verstand, der bloß aus Not kommt, ist immer einseitig schief.

Da hingegen die Liebe gerne zart entdeckt, (wenn nicht Gemüt und Sinne scheu und trüb geworden sind durch harte Schicksale und Mönchsmoral,) und nichts übersehen mag, und wo sie sogenannte Irren oder Fehler findet, (die in dem, was sie sind, oder durch ihre Stellung und Bewegung aus dem Tone des Ganzen augenblicklich abweichen,) das Ganze nur desto inniger fühlt und anschaut. Deswegen sollte alles Erkennen vom Studium des Schönen anfangen. Denn der hat viel gewonnen, der das Leben verstehen kann, ohne zu trauern. Übrigens ist auch Schwärmerei und Leidenschaft gut, Andacht, die das Leben nicht berühren, nicht erkennen mag, und dann Verzweiflung, wenn das Leben selber aus seiner Unendlichkeit hervorgeht. Das tiefe Gefühl der Sterblichkeit, des Veränderns, seiner zeitlichen Beschränkungen entflammt den Menschen, daß er viel versucht, übt alle seine Kräfte und läßt ihn nicht in Müßiggang geraten, und man ringt so lange um Chimären, bis sich endlich wieder etwas Wahres und Reelles findet zur Erkenntnis und Beschäftigung. In guten Zeiten gibt es seltner Schwärmer. Aber wenns dem Menschen an großen, reinen Gegenständen fehlt, dann schafft er irgendein Phantom aus dem und jenem, und drückt die Augen zu, daß er dafür sich interessieren kann, und dafür leben.

VII

Es kommt alles darauf an, daß die Vortrefflichern das Inferieure, die Schönern das Barbarische nicht zu sehr von sich ausschließen, sich aber auch nicht zu sehr vermischen, daß sie die Distanz, die zwischen ihnen und den andern ist, bestimmt und leidenschaftslos erkennen, und aus dieser Erkenntnis wirken, und dulden. Isolieren sie sich zu sehr, so ist die Wirksamkeit verloren, und sie gehn in ihrer Einsamkeit unter. Vermischen sie sich zu sehr, so ist auch wieder keine rechte Wirksamkeit möglich; denn entweder sprechen oder handeln sie gegen die andern, wie gegen ihresgleichen und übersehen den Punkt, wo diesen es fehlt, und wo sie zunächst ergriffen werden müssen, oder sie richten sich zu sehr nach diesen und wiederholen die Unart, die sie reinigen sollten; in beiden Fällen wirken sie nichts und müssen vergehen, weil sie entweder immer ohne Widerklang sich in den Tag hinein äußern, und einsam bleiben mit allem Ringen und Bitten, oder auch, weil sie das Fremde, Gemeinere zu dienstbar in sich aufnehmen und sich damit ersticken.

VIII

Vortreffliche Menschen müssen auch wissen, daß sie es sind, und sich wohl unterscheiden von allen, die unter ihnen sind. Eine zu große Bescheidenheit hat oft die edelsten Naturen zugrunde gerichtet, wenn sie ihrer größern und feinern Gesinnungen sich schämten und meinten, sie müssen der ungezogenen Menge sich gleich stellen. Freilich wird man auf der andern Seite leicht zu stolz und hart, und hält zu viel von sich und von den andern zu wenig. Aber wir haben in uns ein Urbild alles Schönen, dem kein einzelner gleicht. Vor diesem wird der echtvortreffliche Mensch sich beugen und die Demut lernen, die er in der Welt verlernt.

IX

Der tragische Dichter tut wohl, den lyrischen, der lyrische den epischen, der epische den tragischen zu studieren, denn im tragischen liegt die Vollendung des epischen, im lyrischen die Vollendung des tragischen, im epischen die Vollendung des lyrischen. Denn wenn schon die Vollendung von allen ein vermischter Ausdruck von allen ist, so ist doch nur eine der drei Seiten die hervorstechendste.

X

Meist haben sich Dichter zu Anfang oder zu Ende einer Weltperiode gebildet. Mit Gesang steigen die Völker aus dem Himmel ihrer Kindheit ins tätige Leben, ins Land der Kultur. Mit Gesang kehren sie von da zurück ins ursprüngliche Leben. Die Kunst ist der Übergang aus der Natur zur Bildung, und aus der Bildung zur Natur.

www.ingramcontent.com/pod-product-compliance
Lightning Source LLC
Chambersburg PA
CBHW051208300426
44116CB00006B/470